Laberintos del Recuerdo: Descifrando el Alma.

Entendiendo Memorias y Reflexiones para Vivir el Presente

Eric Navarro

Published by Eric Navarro, 2024.

While every precaution has been taken in the preparation of this book, the publisher assumes no responsibility for errors or omissions, or for damages resulting from the use of the information contained herein.

LABERINTOS DEL RECUERDO: DESCIFRANDO EL ALMA. ENTENDIENDO MEMORIAS Y REFLEXIONES PARA VIVIR EL PRESENTE

First edition. May 2, 2024.

Copyright © 2024 Eric Navarro.

Written by Eric Navarro

ÍNDICE

PRÓLOGO

Este libro invita a los lectores a un viaje introspectivo a través de la complejidad de la condición humana, examinada bajo la luz de la esperanza, el arrepentimiento y el deseo inquebrantable de conexión. En el núcleo de cada narrativa yace la eterna búsqueda de significado y pertenencia, una odisea marcada tanto por la luz de la redención como por las sombras del pasado. Estas historias se entretejen en el delicado balance entre el dolor y el placer, el recuerdo y la aspiración, tejiendo un tapiz de experiencias humanas que resuenan con la universalidad de nuestras luchas y sueños. Con un tono que oscila delicadamente entre la melancolía y la esperanza, no solo busca contar historias, sino invocar una reflexión profunda sobre las dualidades que definen nuestra existencia: la alegría y el sufrimiento, el ayer y el mañana, lo que hemos sido y lo que anhelamos ser. A través de estos relatos, somos invitados a contemplar el intrincado baile de la vida, donde cada paso hacia atrás en la memoria puede ser un paso adelante hacia el entendimiento y la aceptación. Es una exploración de cómo, incluso en los momentos de mayor oscuridad, existen destellos de luz que pueden guiarnos hacia un amanecer de nuevas posibilidades.

CAPÍTULO 1: INTRODUCCIÓN

A medida que el crepúsculo se desvanece en el resplandor del alba que presagia un futuro cercano, nos encontramos a las puertas de un nuevo capítulo en la saga de la humanidad, iluminado por la promesa de la innovación tecnológica. En el corazón de este amanecer tecnológico palpita una invención revolucionaria: una tecnología capaz de sumergirnos en las profundidades de nuestras memorias, permitiéndonos revivir aquellos momentos que han esculpido nuestra existencia o enfrentar esos recuerdos que deseamos pudieran ser reescritos. Desarrollada por NeuroTech, una corporación que ha emergido como un gigante en el ámbito de la neurociencia, esta tecnología se erige tanto como un faro de esperanza como un espejismo de desesperación. Para algunos, ofrece la promesa de un renacimiento personal, una oportunidad de reconciliación con el pasado; para otros, representa una huida peligrosa hacia la ilusión de lo que podría haber sido.

En un mundo donde el acceso a la salud mental y las tecnologías avanzadas se convierte cada vez más en un lujo, esta nueva capacidad de explorar y modificar nuestros recuerdos introduce un debate ético y social profundo. La estricta regulación y el aura de exclusividad que rodea a esta tecnología no hacen más que avivar el deseo de lo prohibido, de alcanzar lo inalcanzable. Dentro de este contexto, se entrelazan historias de transformación y obsesión, pintando un retrato complejo de la humanidad en su eterna lucha por encontrar paz con su pasado y dirección en su presente. Estas narrativas nos sumergen en el corazón de una sociedad al filo del cambio, provocando la reflexión sobre si la clave para un futuro brillante reside, paradójicamente, en las sombras de nuestros recuerdos más íntimos.

A medida que exploraremos los siguientes relatos, cada uno se convierte en una ventana al alma, ofreciendo tanto un reflejo de los personajes que habitan estas páginas, como también un espejo ante nosotros mismos, en nuestra continua búsqueda de significado y redención. Nos enfrentamos a la pregunta de si es posible liberarnos del tejido de nuestro pasado y, en última instancia, si podemos encontrar la paz y el propósito en el acto mismo de recordar. Esta odisea a través de los laberintos de la memoria nos invita a considerar la complejidad de la naturaleza humana y la elusiva búsqueda de la verdad en nuestras vidas. Nos recuerda que, en el corazón de nuestras experiencias, tanto en los momentos de luz como en las sombras, reside la esencia misma de lo que significa ser humano.

CAPÍTULO 2: "EL ÚLTIMO ADIÓS"

En los crepúsculos dorados de su vida, Daniel yacía en una habitación donde los susurros del pasado se mezclaban con el silencioso avanzar del tiempo. Su mirada, perdida en el techo blanco e impoluto del hospital, no veía las grietas ni el descolorido reloj en la pared, sino las sombras y luces de una existencia vivida con intensidad y, en ocasiones, con cautela. A pesar de los monitores parpadeantes y el ocasional murmullo de enfermeras moviéndose con prisa, se encontraba inmerso en un mar de calma, un estado de reflexión profunda que solo la proximidad del final puede traer. A lo largo de los años, había aprendido a abrazar la serenidad; su rostro, surcado por las arrugas del tiempo, era el mapa de un viajero que ha cruzado muchos caminos, enfrentando tempestades y disfrutando de breves momentos bajo el sol. Sin embargo, en la quietud de su habitación de hospital, una inquietud interna comenzaba a aflorar, una sensación casi olvidada de asuntos pendientes, de palabras no dichas y despedidas que nunca se dieron. Era un hombre de pocas lamentaciones, consciente de que cada elección en su vida había sido un peldaño hacia su propio ser. Aun así, en la reflexión tranquila de sus días finales, Daniel no podía evitar sentir el peso de los adioses no expresados, esos momentos de separación que, por orgullo, miedo o simplemente por las circunstancias de la vida, se habían quedado atrapados en el tiempo, suspendidos en un limbo de silencio. Su carácter reflexivo, forjado a través de años de contemplación y experiencia, lo dotaba de una percepción aguda sobre la naturaleza efímera de la existencia. Sabía que la vida, con su tejido intrincado de alegrías y penas, era un río que fluía inexorablemente hacia el mar del olvido. Pero, incluso ahora, en el umbral entre la vida y la muerte, buscaba encontrar un significado en las corrientes que lo habían llevado a este momento de quietud. Afrontaba su mortalidad no con miedo, sino con una curiosidad filosófica, preguntándose qué residuos de su paso por el mundo quedarían una vez que él ya no estuviera. ¿Qué memorias de Daniel perdurarían en aquellos a quienes amó y dejó atrás? La serenidad con la que encaraba estos pensamientos contrastaba con el torbellino de emociones no resueltas que yacían en lo profundo de su ser, aquellos adioses que habían quedado sin voz, resonando en el silencio de su corazón.

En este estado de contemplación y calma inquieta, el hombre se preparaba, quizás sin saberlo, para el último viaje de su alma, un viaje no hacia el olvido, sino hacia la reconciliación con su propia historia. En las horas quietas, antes del amanecer de su último día, comenzaba a vislumbrar la posibilidad de enfrentar aquellos fantasmas del pasado, de dar voz a los adioses no dichos que habían modelado su existencia de maneras que apenas empezaba a comprender. En una de esas mañanas en las que la luz del sol se filtra suavemente a través de las cortinas, dotando a la habitación de hospital de una calidez efímera, su rutina diaria tomó un giro inesperado. María, una de las enfermeras más jóvenes y compasivas que cuidaban de él, se acercó con el habitual carrito de medicinas y una sonrisa que, a pesar de las circunstancias, parecía genuina y reconfortante. Pero esa mañana, María trajo algo más que las dosis de medicación y palabras de ánimo; traía consigo un destello de posibilidad, un susurro de esperanza.

Mientras ajustaba las gotas y verificaba los monitores, María comenzó a hablar de algo que había estado resonando en los corredores del hospital, un tema de conversación entre aquellos cuyas vidas pendían de un hilo o se encontraban en la encrucijada del dolor y la pérdida. Hablaba de ReMem, una tecnología emergente aún envuelta en el velo de lo experimental, pero que prometía algo que rozaba los límites de lo milagroso: la oportunidad de sumergirse de nuevo en los recuerdos, de revivir momentos pasados con una claridad y emoción asombrosas. La curiosidad de este hombre se encendió ante la descripción de María. ReMem no era simplemente un ejercicio de nostalgia; era una puerta hacia la redención personal, un medio para enfrentar aquello que había quedado sin resolver. La enfermera habló con delicadeza, pero con un tono de firme convicción, sobre cómo esta tecnología había comenzado a cambiar vidas, ofreciendo a las personas la chance de despedirse de manera adecuada, de perdonar y ser perdonados, de encontrar paz en los crepúsculos de sus existencias. Daniel, cuya vida había estado marcada por la búsqueda del entendimiento y la reconciliación con el pasado, sintió un torrente de emociones ante la revelación. La idea de poder revivir aquellos momentos cruciales, de enfrentar las despedidas que su corazón había guardado en silencio, era a la vez aterradora y profundamente atractiva. La posibilidad de un cierre, de un último adiós pronunciado con la sabiduría y la perspectiva que solo los años pueden otorgar, lo impulsaba hacia adelante. El deseo del hombre de probar ReMem no nacía de un mero capricho o de la ilusión de revertir el tiempo; era más profundo, arraigado en la necesidad humana de entender, de hallar un significado en las tramas que tejemos y en las que somos meros hilos. María, percibiendo la profundidad de su interés, le ofreció facilitar un encuentro con los especialistas de ReMem, una oportunidad para que él, incluso en los últimos días de su vida, pudiera embarcarse en este viaje de autoexploración y reconciliación.

Con la mente aun revoloteando por las implicaciones de lo que María le había contado, asintió. Algo dentro de él, quizás esa voz que durante años había buscado responder a los ecos de los adioses no dados, sabía que este era el camino que debía tomar. Era su oportunidad para enfrentar los remordimientos que lo habían acompañado en silencio, para tejer de nuevo el tapiz de su vida con los hilos dorados del entendimiento y la paz.

La decisión estaba tomada, y con ella, se encontró frente a una encrucijada de memorias y emociones. La sala destinada para las sesiones de ReMem tenía una serenidad imperturbable, un santuario de calma diseñado para aquellos que, como él, buscaban sumergirse en las profundidades de sus propios recuerdos. Allí, sentado frente a la consola de esta nueva tecnología, con los especialistas preparando cuidadosamente la maquinaria, se le presentó la primera y más crucial de las decisiones: ¿qué recuerdos elegiría revivir? La expectativa general, tanto de los especialistas como quizás de cualquier espectador, sería que el paciente escogería sumergirse en los momentos más felices de su vida, aquellos picos de júbilo y plenitud. Sin embargo, movido por un impulso profundo de resolución y entendimiento, optó por un camino menos transitado. Elegiría revivir las despedidas, esos momentos finales con las personas que habían dejado una huella indeleble en su existencia. Cada despedida seleccionada no era meramente un adiós, sino un capítulo entero de su vida que sentía inacabado, un hilo suelto en el tejido de su ser. Desde el amigo de la infancia con quien compartió incontables aventuras y sueños, hasta el primer amor, cuyo final abrupto dejó una marca permanente en su corazón. Incluso aquellos encuentros más breves, pero no por ello menos significativos, formaban parte de la selección. Buscaba enfrentar esos momentos, pero no para alterarlos, sino para comprenderlos, para despedirse adecuadamente. Los especialistas observaban, con una mezcla de sorpresa y respeto, mientras que narraba brevemente la historia detrás de cada elección. Había en sus palabras un tono de determinación, una claridad de propósito que iba más allá de la simple memoria. Daniel buscaba la reconciliación con su pasado, una forma de hacer las paces con las sombras que lo habían seguido silenciosamente a lo largo de los años.

La tecnología de ReMem, por avanzada que fuera, no prometía cambiar el pasado ni alterar las realidades de la vida vivida. Sin embargo, ofrecía algo quizás igual de valioso: la oportunidad de reencontrarse con aquellos momentos desde una nueva perspectiva, de entender el tejido complejo de alegrías y penas que formaban la experiencia humana. Con cada despedida que escogía, se preparaba para revivir esos instantes, al mismo tiempo que para enfrentar las emociones que cada uno evocaba. Era un viaje hacia el interior, una exploración de los lugares más recónditos de su alma. Y en este viaje, buscaba el cierre de los capítulos inconclusos, como también la sabiduría que solo el enfrentar nuestros momentos más difíciles puede brindar. Así, con el corazón firme y la mente abierta, se sumergió en el flujo de sus memorias, listo para enfrentar las despedidas que había elegido. Era un acto de valentía, un paso hacia la aceptación y la paz interior que había buscado durante tanto tiempo.

Mientras los especialistas activaban la tecnología de ReMem, sintió una oleada de anticipación y nerviosismo. La habitación quedó sumida en una quietud expectante, sólo rota por el suave zumbido de la máquina. A medida que las imágenes comenzaban a desdibujarse ante sus ojos, fue transportado a un tiempo y lugar que había guardado en lo más profundo de su corazón: el momento de su primera gran despedida. Allí estaba él, décadas más joven, en aquel parque donde los atardeceres pintaban el cielo de tonos ardientes, testimoniando el final de su juventud y el comienzo de un dolor que marcaría su vida. Frente a él, como surgida de las sombras del pasado, estaba Ana, su primer amor, con su sonrisa melancólica y sus ojos que escondían mares de tristeza. La escena estaba bañada en la luz dorada del ocaso, un espejo del fuego que una vez ardió en sus corazones. El aire vibraba con la tensión de una despedida inminente, palabras no dichas flotando como hojas arrastradas por el viento. Daniel, ahora un espectador de su propia memoria, sintió el peso de aquel momento con una claridad abrumadora. La joven pareja frente a él estaba a punto de separarse, un adiós precipitado por malentendidos y orgullos heridos, un final abrupto para un capítulo que apenas había comenzado.

La conversación entre sus jóvenes versiones era tensa, cargada de emociones contenidas. Las palabras que intercambiaban, ahora claras para el Daniel mayor, eran aquellas de dos corazones en conflicto, incapaces de superar las barreras que ellos mismos habían erigido. La despedida, cuando llegó, fue un corte rápido y profundo, una herida que sangraría en silencio durante años. Desde la perspectiva de su yo mayor, podía ver lo que el joven que fue no pudo ver: el dolor compartido, la profundidad del cariño que se perdía en la tormenta de la juventud y el miedo. Las lágrimas no derramadas, los abrazos no dados. La intensidad de la experiencia en ReMem no residía sólo en revivir el momento, sino en sentirlo con la profundidad emocional de su ser maduro, comprendiendo las complejidades y las fragilidades que el orgullo juvenil había ocultado.

A medida que la memoria se desvanecía, dejando al hombre de nuevo en la quietud de la sala de ReMem, una sensación de catarsis lo envolvía. La tristeza del adiós se mezclaba con la comprensión y la aceptación de que aquel final, doloroso como fue, era parte de su viaje, un eslabón en la cadena de experiencias que lo habían formado. Esta primera despedida, revivida y comprendida desde la sabiduría de los años, le ofreció una perspectiva inesperada: cada adiós, cada final, llevaba en sí la semilla del crecimiento personal y la capacidad de amar más plenamente. Había abierto una compuerta de recuerdos y emociones, pero también de percepciones renovadas. Sentado en la quietud que seguía a la tormenta de sentimientos, comenzó a entretejer los hilos sueltos de su pasado, descubriendo patrones y significados que antes le habían eludido. El dolor de aquella despedida con Ana, aunque todavía palpable, comenzaba a transformarse. Entendía ahora que cada adiós, por más desgarrador que fuera en su momento, era también una afirmación de la conexión y el amor compartidos. Era un reconocimiento de que la vida, en su constante fluir, estaba hecha tanto de encuentros como de despedidas, y que ambos eran igualmente valiosos. Esta nueva comprensión le trajo una sensación de paz. Comenzó a ver que las despedidas no eran meros finales, sino partes esenciales de su viaje, momentos que, a su manera, habían contribuido a su crecimiento personal. Cada adiós había sido un paso adelante, una lección aprendida sobre la fortaleza del espíritu humano y su capacidad para superar la pérdida y el cambio.

Reflexionando sobre su vida, se dio cuenta de cómo estos momentos de separación le habían enseñado a valorar aún más los tiempos compartidos, a apreciar la belleza de los instantes efímeros. Había aprendido a vivir con más intensidad, a amar con mayor plenitud, sabiendo que cada encuentro podría ser el preludio de una futura despedida. Además, estas experiencias le habían dotado de una empatía y comprensión más profundas hacia los demás. Entendía el dolor de la pérdida, pero también la importancia de seguir adelante, de abrirse nuevamente al mundo a pesar de las heridas del pasado. Esta sabiduría, adquirida a través de los años y ahora profundizada por su experiencia gracias a esta nueva tecnología, era un regalo inesperado de sus adioses no dichos.

Armado con esta nueva perspectiva, se sintió listo para enfrentar las siguientes despedidas que había elegido revivir. Con cada experiencia, esperaba continuar este proceso de aprendizaje y aceptación, descubriendo más sobre sí mismo y sobre la naturaleza intrínsecamente cambiante de la existencia humana. La jornada a través de sus memorias, lejos de ser un ejercicio de mera reminiscencia, se estaba convirtiendo en una profunda exploración del alma, un camino hacia la comprensión y la paz interior.

La siguiente memoria que Daniel eligió enfrentar en su viaje a través de ReMem era, sin duda, la más dolorosa y compleja de todas. Se trataba de la despedida de su hijo, Lucas, un adiós que no había sido marcado por un único momento, sino por años de distanciamiento y silencios ensordecedores. La brecha entre ellos se había abierto lentamente, ensanchada por malentendidos, expectativas no cumplidas y palabras duras que, una vez pronunciadas, no pudieron ser olvidadas. A medida que la tecnología comenzó a tejer las imágenes y sonidos de aquellos años turbulentos, se encontró de nuevo en su antigua casa, el escenario de tantos conflictos y desencuentros con Lucas. La tensión en el aire era casi tangible, un presagio del inminente quiebre que estaba por venir. Observador silencioso de su propio pasado, sintió una oleada de emociones: dolor por lo que se había perdido, remordimiento por lo que se había dicho y hecho, y, sobre todo, un profundo anhelo de reconciliación. La discusión final, el punto de no retorno en su relación, se desarrolló ante sus ojos con una claridad devastadora. Las palabras de Lucas, cargadas de frustración y decepción, resonaban en la habitación, un eco de su dolor y su deseo de encontrar su propio camino, libre de las expectativas de su padre. En su juventud y orgullo, había respondido con igual intensidad, incapaz de ver más allá de su propia visión para la vida de su hijo.

Revivir este momento fue una experiencia desgarradora para él. A través de los ojos de la madurez, podía ver claramente los errores cometidos, las oportunidades perdidas para el entendimiento y la compasión. La despedida de Lucas no había sido un adiós físico, sino emocional, un abismo que se había extendido entre ellos, lleno de palabras no dichas y cariño no demostrado. Sin embargo, en medio del dolor y el remordimiento, comenzó a sentir también un destello de esperanza. ReMem le ofrecía no solo la oportunidad de revisitar estos momentos difíciles sino también de entenderlos desde una perspectiva diferente. Reconocía ahora que, a pesar de los errores cometidos, el amor que sentía por Lucas nunca había disminuido. Este doloroso viaje a través de sus recuerdos más difíciles le mostraba que la reconciliación, aunque compleja, no era imposible. Con esta comprensión, sintió crecer dentro de sí el deseo de cerrar la brecha, de tender puentes sobre los años de silencio. Sabía que no podía cambiar el pasado, pero también entendía que el futuro aún ofrecía la posibilidad de sanar, de buscar el perdón y ofrecerlo a cambio. La memoria de la despedida de su hijo, aunque la más difícil de enfrentar, se convirtió en la más importante, impulsándolo hacia la búsqueda de una reconciliación que, hasta ese momento, había parecido fuera de su alcance.

Después de enfrentar la despedida más desafiante de su vida, se sentía como si hubiera cruzado un vasto y tormentoso océano emocional. Cada sesión, cada memoria revivida, había sido una ola que lo elevaba hacia la comprensión y la aceptación, llevándolo a través de los altibajos de su existencia. Ahora, mientras la calma se asentaba en su espíritu, contemplaba el horizonte de su vida con nuevos ojos. Había comenzado este viaje buscando cerrar los capítulos inacabados de su vida, para enfrentar las despedidas que habían dejado huellas profundas en su corazón. Lo que encontró fue mucho más que el cierre que había anhelado; descubrió la trama compleja de su propia historia, tejida con hilos de amor, pérdida, alegría y arrepentimiento. Cada despedida, cada adiós que había elegido revivir, se reveló no como un final, sino como un punto de inflexión, un momento que había contribuido a moldear su ser de maneras inimaginables. La tecnología de ReMem había sido el catalizador, pero el verdadero viaje había sido uno de introspección y revelación. entendía ahora que las despedidas, por dolorosas que fueran, eran también fuente de valiosas lecciones. Desde la amargura de la separación de su primer amor hasta la complejidad del distanciamiento de su hijo, cada experiencia le había enseñado sobre la fragilidad de las relaciones humanas, sobre la importancia de la comunicación y la empatía, y sobre la capacidad del corazón humano para sanar y seguir adelante. Esta comprensión le trajo una sensación de paz profunda y abarcadora. Aceptaba que, aunque algunas relaciones habían terminado en términos no ideales, no debía verlas como fracasos, sino como capítulos esenciales de su vida. Cada persona con la que se había despedido había dejado algo en él: una huella, una enseñanza, un recuerdo que, en conjunto, formaban el mosaico de su existencia. Con esta aceptación vino la resolución. Daniel ya no veía las despedidas como puntos finales, sino como hitos en el continuo viaje de la vida. Reconocía que el dolor y la pérdida eran parte integral de la experiencia humana, al igual que el amor y la alegría. Esta dualidad, lejos de ser contradictoria, era lo que daba profundidad y riqueza a su vida.

En los momentos finales de su última sesión con ReMem, sintió una gratitud abrumadora hacia todas las personas que habían formado parte de su viaje, por las lecciones aprendidas y los momentos compartidos. Estaba listo para avanzar, llevando consigo no sólo los recuerdos de las despedidas sino también la sabiduría y el amor que estas experiencias le habían brindado. Este viaje a través de sus memorias más significativas le había ofrecido la oportunidad de reconciliarse con su pasado, la claridad para abrazar el presente y mirar hacia el futuro con esperanza y serenidad. Daniel había encontrado la resolución que buscaba, pero, más importante aún, había redescubierto la esencia misma de su vida: un tejido complejo y hermoso de relaciones, experiencias y emociones, cada una valiosa y necesaria en su propio derecho.

En la penumbra tranquila de su habitación, donde el tiempo parecía suspender su marcha, Daniel se encontraba en un estado de serenidad profunda. Los viajes a través de sus recuerdos, facilitados por esta nueva tecnología, habían culminado en una comprensión profunda de su vida, una reconciliación con su pasado que ahora teñía sus últimos momentos de paz y gratitud. A su alrededor, la habitación estaba tranquila, apenas iluminada por la suave luz del atardecer que se filtraba a través de las cortinas. En este espacio íntimo, se sentía envuelto en una calma casi palpable, como si los años y los recuerdos convergieran en un punto de quietud y claridad. Reflexionaba sobre las despedidas que había revivido, sobre las personas que habían marcado su vida de maneras indelebles. Cada una de estas despedidas, incluso las más dolorosas, había sido una puerta hacia el autoconocimiento, hacia la comprensión de la impermanencia de la existencia y la importancia del amor y la conexión. Ahora, enfrentando su propio adiós final, se sentía agradecido por cada experiencia, por la oportunidad de haber amado, perdido y, sobre todo, aprendido. En este momento de reflexión, no estaba solo. A su lado, figuras queridas del presente y ecos del pasado se unían en un silencioso coro de apoyo y amor. Entre ellos, imaginaba a su hijo Lucas, hacia quien sentía una renovada cercanía y afecto, a pesar de la distancia y los años de silencio. La posibilidad de reconciliación, aunque no realizada en el plano físico, se había convertido en una fuente de consuelo y esperanza. Con la lucidez que precede al final, comprendía que la vida era un tejido de llegadas y partidas, un flujo constante de encuentros y despedidas. Aceptar esta verdad era aceptar la naturaleza misma de la existencia. Su última despedida, este adiós a la vida, era una afirmación de todo lo vivido, una aceptación tranquila de su mortalidad.

En sus pensamientos finales, se permitió una última mirada hacia atrás, no con nostalgia o remordimiento, sino con una sensación de plenitud. Había vivido una vida rica en emociones y experiencias, y ahora podía dejarla atrás con el corazón ligero y el espíritu en paz. Con la última luz del día desvaneciéndose en el horizonte, Daniel se despidió serenamente de la vida. Su respiración, suave y pausada, era como una melodía suave que se desvanecía en el aire tranquilo. Y en ese último suspiro, dejaba un legado de esperanza y paz para aquellos que permanecían: un mensaje de que cada adiós, por doloroso que sea, es también un acto de amor y un paso hacia la comprensión y la aceptación de nuestra compartida humanidad. Así, completó su último adiós, un adiós no sólo a la vida sino a cada sombra de arrepentimiento o dolor no resuelto. En su partida, encontró la libertad y la paz, un final que era también un nuevo comienzo para aquellos que continuaban el viaje.

CAPÍTULO 3: "HUELLAS EN LA ARENA"

En un laboratorio iluminado por la suave luz de las pantallas y los parpadeantes indicadores de los equipos, Laura se movía con una precisión y dedicación que la distinguían como una de las mentes más brillantes en el campo de la neurociencia. Su nombre estaba asociado con algunos de los avances más significativos en el desarrollo de ReMem, la tecnología que prometía revolucionar la forma en que entendemos e interactuamos con nuestros recuerdos. Sin embargo, detrás de esta fachada de éxito y reconocimiento, Laura se enfrentaba a una batalla interna que pocos podían percibir. A pesar de los elogios de sus colegas y los logros acumulados a lo largo de su carrera, Laura se sentía atrapada en un ciclo de duda y ansiedad. Cada nuevo proyecto, cada investigación, era para ella un desafío intelectual, una fuente de temor persistente: el miedo al fracaso. Este temor no surgía de la incompetencia, sino de una voz interna crítica que magnificaba cada pequeño contratiempo y minimizaba sus éxitos.

En la soledad de su laboratorio, mientras revisaba los datos de los últimos experimentos con ReMem, la ironía de su situación no escapaba a su percepción. Aquí estaba ella, parte integral de un equipo que creaba una herramienta capaz de explorar y modificar los recuerdos, luchando con sus propios fantasmas del pasado que cuestionaban su valía y capacidad. La discrepancia entre la imagen que proyectaba al mundo y sus luchas internas era una fuente constante de conflicto. Los logros y reconocimientos, en lugar de ser fuentes de satisfacción, se habían convertido en recordatorios de lo que aún tenía que probar. Cada artículo publicado, cada conferencia dada, en lugar de ser celebrados, eran examinados bajo el microscopio de su autocritica, siempre buscando fallos, siempre esperando el momento en que su supuesta incompetencia sería revelada al mundo. Este miedo al fracaso la paralizaba, inhibiendo su capacidad para tomar riesgos y explorar nuevas direcciones en su investigación. La ansiedad de no estar a la altura de las expectativas, incluso las autoimpuestas, la mantenía en un estado de estancamiento profesional y personal, incapaz de avanzar con la libertad que su talento merecía. Sin embargo, a pesar de esta tormenta interna, Laura mantenía una fachada de serenidad y confianza. Sus colegas y estudiantes veían en ella un modelo a seguir, una científica dedicada cuyo trabajo estaba en la vanguardia de su campo. Pocos podían imaginar las noches de insomnio pasadas repasando errores pasados y temiendo el futuro, la constante lucha de Laura contra la sombra del fracaso que oscurecía la visión sobre sus propios logros.

En la contradicción entre su éxito externo y su tormento interno, se encontraba en un punto crítico. La creciente necesidad de enfrentar y superar sus miedos la impulsaba hacia una decisión que podría cambiar su percepción de sí misma al mismo tiempo que podía cambiar su futuro profesional. La posibilidad de utilizar

ReMem para examinar y transformar su relación con el fracaso se perfilaba en el horizonte, un primer paso incierto hacia un viaje de autodescubrimiento y, tal vez, de redención. La sala de conferencias rebosaba de expectativa, cada asiento ocupado por mentes curiosas, ansiosas por conocer más sobre este nuevo avance, la tecnología que prometía un nuevo horizonte en la comprensión de la memoria humana. Laura, desde el estrado, compartía los avances y las posibilidades, su voz firme escondiendo las turbulencias de su interior. A medida que las diapositivas se sucedían, describiendo el funcionamiento y el potencial terapéutico de ReMem, una parte de ella no podía evitar percibir la ironía de su situación. Aquí estaba, en el epicentro de un proyecto que desafiaba los límites de la ciencia, ofreciendo a otros la posibilidad de enfrentar y reconfigurar sus recuerdos, sus fracasos, sus miedos. Y, sin embargo, ella misma estaba atrapada en un laberinto de dudas y temores, incapaz de aplicar a su propia vida las promesas de su trabajo. La presentación concluyó con aplausos, un reconocimiento al ingenio y la dedicación de ella y su equipo, pero para la mujer, esos aplausos resonaban con preguntas sin respuesta sobre su propia batalla interna. Mientras el auditorio se vaciaba, Laura se detuvo a reflexionar sobre las palabras que había pronunciado, sobre el contraste entre su visión científica y su experiencia personal. ¿Cómo podía hablar con tanta convicción sobre superar los obstáculos del pasado cuando ella misma se veía frenada por el miedo al fracaso? La respuesta, comprendió, podría estar precisamente en la tecnología que había ayudado a crear.

Movida por una mezcla de curiosidad científica y una necesidad profunda de enfrentar sus propias inseguridades, Laura tomó la decisión de experimentar esta tecnología en primera persona. No se trataba solo de un interés académico por ver la aplicación práctica de su investigación; era una búsqueda personal de superación, un deseo de liberarse de las cadenas del miedo que la habían retenido por tanto tiempo. La oportunidad de utilizar ReMem era un ejercicio de introspección, una puerta hacia la comprensión de sí misma, hacia la posibilidad de redefinir su relación con el fracaso. La científica sabía que enfrentar sus miedos a través de esta tecnología no sería fácil, que revivir los momentos que consideraba sus mayores fracasos pondría a prueba su fortaleza emocional. Sin embargo, la posibilidad de desentrañar y quizás reescribir la narrativa de su propia vida era una llamada demasiado poderosa para ignorar.

Con una determinación renovada, comenzó a planificar su experiencia. Sería sujeto y científica al mismo tiempo, explorando los confines de su memoria con la esperanza de encontrar la clave para superar sus miedos. Este paso, pensó, tenía el potencial de transformar su comprensión del fracaso, como también de abrir un nuevo capítulo en su vida, uno en el que pudiera avanzar sin la pesada carga del miedo paralizante.

Ante la pantalla de selección, se enfrentaba a una biblioteca de sus propios recuerdos, cada uno etiquetado con fechas y descripciones breves, como capítulos de un libro que había escrito inconscientemente a lo largo de su vida. Era una sensación extraña, casi surrealista, tener ante sí la opción de navegar por su pasado con el simple clic de un botón. Pero su misión era clara: enfrentar aquellos momentos que había marcado en su mente como fracasos, esos puntos de inflexión que, creía, habían desviado su trayectoria hacia senderos de duda y temor. Con determinación, comenzó a seleccionar los recuerdos. El primero era un experimento fallido de sus años de doctorado, un proyecto ambicioso que había terminado en un callejón sin salida, cuyas repercusiones la habían perseguido mucho después de su conclusión. A pesar de los éxitos posteriores, ese fracaso inicial se había convertido en una sombra constante, un recordatorio de lo que podía haber sido y no fue. Luego eligió revivir el final de una relación significativa, un capítulo de su vida personal que había terminado en términos dolorosos. En su momento, había interpretado esa ruptura no solo como una pérdida emocional sino también como un fracaso personal, una prueba más de su supuesta incapacidad para mantener relaciones estables y significativas. Cada recuerdo seleccionado era un reflejo de sus inseguridades, momentos en los que había sentido que no solo había fallado en alcanzar sus objetivos, sino que también había decepcionado a quienes la rodeaban. Desde propuestas de investigación rechazadas hasta presentaciones que no habían tenido el impacto esperado, Laura compiló una lista de sus momentos más vulnerables. Sin embargo, a medida que avanzaba en su selección, Laura empezó a percibir un hilo común entre esos recuerdos aparentemente dispares. Cada "fracaso" había sido seguido por un período de reflexión, de aprendizaje, incluso de crecimiento. Aunque en ese momento no pudo verlo, cada tropiezo había contribuido de alguna manera a su desarrollo personal y profesional.

Armada con la determinación de entender y, si era posible, reconciliar su percepción de estos eventos, Laura inició el proceso de ReMem. Sabía que enfrentarse a estos recuerdos no sería fácil, que revivir esos momentos podría ser doloroso. Pero también comprendía que este dolor era necesario, un paso crítico en su camino hacia la superación de sus miedos. Era el inicio de una jornada introspectiva, una oportunidad para confrontar sus fantasmas y, quizás, transformar su relación con el pasado. Con valentía, se preparó para sumergirse en sus recuerdos, no como quien busca castigarse por errores pasados, sino como quien busca entender y aprender de ellos. En este acto de valentía, sabía que se iba a enfrentar a su historia personal, desafiando las narrativas que había construido alrededor de su propia identidad, lista para ver su vida bajo una luz diferente.

La sala de la sesión estaba bañada en una luz tenue, creando un ambiente de concentración y solemnidad. La mujer se acomodó en la silla, su corazón latiendo con nerviosismo. El primer recuerdo que había elegido enfrentar era uno que había intentado olvidar, aquel experimento científico de sus primeros años como investigadora que había terminado en lo que ella consideraba un fracaso desastroso. A medida que la máquina cobraba vida, las imágenes y sonidos del pasado comenzaron a materializarse ante ella. Se vio a sí misma, más joven, en un laboratorio lleno de entusiasmo y esperanza, trabajando en un proyecto que, en ese momento, consideraba su gran oportunidad para destacar en el competitivo campo de la neurociencia. La expectativa en el aire era notable, cada experimento llevado a cabo con la meticulosidad de quien está a punto de hacer un descubrimiento significativo. Sin embargo, a medida que el recuerdo avanzaba, el entusiasmo dio paso a la frustración. Los resultados esperados nunca se materializaron; en su lugar, cada prueba parecía alejarla más de su objetivo. Finalmente, tuvo que enfrentar la realidad: el experimento había fallado. La decepción de su yo más joven era un espejo de los sentimientos que Laura había cargado consigo durante años, una sombra de duda y autorreproche que había teñido su percepción de sí misma y de su trabajo. Pero a medida que revivía el momento, algo cambió en su comprensión de aquel evento. Desde su perspectiva actual, pudo ver que aquel "fracaso" no había sido el final de la historia. En efecto, fue ese tropiezo lo que la llevó a explorar nuevas direcciones en su investigación, a hacer preguntas que nunca había considerado antes. Y fue precisamente una de esas preguntas la que eventualmente condujo al descubrimiento de un principio fundamental, un avance que había sido clave en el desarrollo posterior de ReMem. Lo que en su momento había sido una fuente de vergüenza y frustración, ahora se revelaba como un punto de inflexión crucial en su carrera. Comprendió que aquel fracaso no había sido un callejón sin salida, sino más bien una desviación hacia un camino menos transitado, pero infinitamente más fructífero. Con esta nueva perspectiva, el peso del recuerdo comenzó a aligerarse. La culpa y el remordimiento dieron paso a la gratitud por las lecciones aprendidas, por la resiliencia forjada en el crisol de la adversidad. Laura se dio cuenta de que, sin aquel "fracaso", quizás nunca hubiera llegado a las ideas que definieron su éxito.

Al salir de la experiencia de ReMem, sintió como si se hubiera liberado de una cadena que la había retenido durante demasiado tiempo. Con una sensación renovada de propósito y confianza, estaba lista para enfrentar los siguientes recuerdos, armada con la comprensión de que incluso los momentos más oscuros pueden contener las semillas del crecimiento y el descubrimiento. Fortalecida por la revelación de su primer "fracaso", Laura continuó su viaje de los recuerdos a través de la tecnología, cada uno seleccionado por el dolor y la decepción que habían sembrado en su pasado. Pero, a medida que se sumergía en estas memorias, algo extraordinario comenzó a suceder. Donde antes solo veía oscuridad y derrota, empezó a descubrir destellos de luz, lecciones aprendidas en los momentos más inesperados. Uno tras otro, los recuerdos revelaron una verdad fundamental: cada supuesto fracaso había sido, en realidad, un catalizador para el cambio y el crecimiento. Desde proyectos que no llegaron a buen puerto hasta relaciones que terminaron dejando una sensación de vacío, Laura vio cómo, en el tejido de su vida, estos momentos no eran los hilos deshilachados que había imaginado, sino partes integrales de la trama que la habían llevado a donde estaba ahora. Revivió la decepción de una beca no concedida, un revés que en su momento le había parecido un juicio implacable sobre su valía como científica. Sin embargo, al revisitar aquel momento, pudo ver cómo aquella puerta cerrada la había impulsado a buscar nuevas oportunidades, llevándola finalmente a un campo de investigación más acorde con sus verdaderas pasiones. Otro recuerdo la llevó de vuelta a la disolución de un equipo de trabajo debido a diferencias irreconciliables sobre la dirección de un proyecto. Lo que entonces se sintió como un colapso de sus aspiraciones resultó ser una lección invaluable sobre la comunicación, el liderazgo y la importancia de alinear visiones y valores dentro de un equipo. Incluso en las relaciones personales, empezó a reconocer el valor oculto detrás de las despedidas dolorosas. Cada final había sido también un comienzo, una oportunidad para conocerse mejor a sí misma, para redefinir lo que realmente valoraba y deseaba en su vida. La narrativa de la misma, que ella había visto marcada por fracasos y errores, comenzaba a reescribirse. Cada "fracaso" ahora se revelaba como un peldaño, un impulso hacia adelante, incluso cuando el camino parecía llevarla en la dirección opuesta.

Esta cadena de revelaciones culminó en una profunda transformación en su percepción de sí misma y de su trayectoria. Con cada recuerdo explorado, sentía cómo se desvanecía el peso del miedo y la duda que había cargado durante tanto tiempo. Comprendió que el verdadero fracaso no residía en caer, sino en negarse a levantarse después de cada caída. Su vida, lejos de ser una serie de obstáculos insuperables, era en realidad un mosaico de experiencias que la habían fortalecido, enseñado y preparado para los desafíos futuros.

Dentro del espectro de recuerdos que Laura eligió enfrentar, había uno que destacaba por el dolor y la vulnerabilidad que encerraba: el final de una relación importante en su vida. Este recuerdo, marcado por sentimientos de pérdida y fracaso personal, había sido una sombra que oscurecía su felicidad, una cicatriz en su historia emocional que aún dolía al ser tocada. A medida que se sumergía en este recuerdo, se encontró de nuevo en aquellos días finales, reviviendo las conversaciones, los silencios tensos, y finalmente, el momento de la despedida. Fue una experiencia visceral; las emociones fluían tan frescas y dolorosas como si estuviera sucediendo en ese mismo instante. La sensación de fracaso, de no haber sido suficiente, de haber fallado no solo a su pareja sino a sí misma, era abrumadora. Sin embargo, conforme el recuerdo se desarrollaba, comenzó a verlo desde una perspectiva diferente. Por primera vez, se permitió reconocer la toxicidad de la relación, cómo sus dinámicas habían coartado su crecimiento personal y profesional. La despedida, por dolorosa que fuera, había sido también un acto de liberación, un momento decisivo que la forzó a reevaluar sus prioridades y su sentido de identidad. La ruptura la había dejado sintiéndose perdida, sí, pero también había creado un espacio para la introspección y redescubrimiento. En los meses y años que siguieron, Laura se sumergió en su trabajo con una dedicación renovada, no como un medio para escapar de su dolor, sino como una forma de reencontrarse a sí misma. La ciencia, que siempre había sido su pasión, se convirtió en su refugio y su medio de expresión, llevándola a alcanzar logros que antes de la ruptura le parecían inalcanzables. Revivir el fin de esa relación a través de ReMem le permitió comprender que, lejos de ser un fracaso personal, aquel periodo de su vida había sido un catalizador para su desarrollo. La fuerza que ganó al seguir adelante le había ayudado a superar una pérdida emocional, al mismo tiempo que había influido positivamente en su enfoque y dedicación a su carrera.

Emergiendo de la experiencia, la científica sintió una mezcla de tristeza y gratitud. La tristeza por el amor perdido, por supuesto, pero una gratitud más profunda por las lecciones aprendidas y la fortaleza encontrada en medio de la adversidad. Reconoció que aquel final había sido también un comienzo, una oportunidad para crecer de maneras que nunca había imaginado. Este recuerdo, uno de los más difíciles de enfrentar, se convirtió en un testimonio de su resiliencia y de su capacidad para transformar el dolor en progreso. Laura se dio cuenta de que la verdadera fortaleza no se encuentra en la ausencia de vulnerabilidad, sino en la capacidad de levantarse, aprender y seguir adelante, incluso cuando el camino parece incierto. Con esta nueva perspectiva, estaba lista para cerrar ese capítulo de su vida, sin resentimiento, en vez de eso, con un sentido de paz y agradecimiento por las experiencias que la habían llevado a ser la persona que era hoy. Se encontraba en un estado de reflexión profunda, casi meditativa. La sala de ReMem, que había sido testigo de su viaje a través del tiempo y de la memoria, se sentía ahora como un espacio sagrado, un lugar donde había confrontado sus demonios internos y había encontrado una verdad más profunda sobre sí misma y sobre la naturaleza del fracaso. A lo largo de sus sesiones, había revivido momentos de su vida que había etiquetado como fracasos, experiencias que había percibido como pruebas de sus limitaciones y defectos. Sin embargo, al explorar estos recuerdos con la perspectiva que le ofrecía el presente, pudo llegar a una realización transformadora: el fracaso, tal como lo había concebido, no existía de manera objetiva. Era, más bien, una construcción subjetiva, una narrativa que había creado y alimentado con sus miedos e inseguridades. Cada recuerdo que había revisado, cada experiencia que había temido enfrentar, era un camino de crecimiento y aprendizaje.

Esta iluminación, esta nueva comprensión del fracaso como una parte esencial y valiosa del proceso de crecimiento, cambió radicalmente la percepción que ella tenía de su vida y su carrera. Ya no veía sus errores y tropiezos como marcas de vergüenza, sino como insignias de honor, pruebas de su valentía para arriesgarse, para explorar lo desconocido y para perseverar a pesar de los obstáculos. Armada con esta visión renovada, sintió una liberación de la carga del miedo que había llevado consigo durante tanto tiempo. La ansiedad por el futuro, por los posibles fracasos que aún podrían estar por venir, se disipó, reemplazada por una confianza serena en su capacidad para enfrentar y superar cualquier desafío. Su mente, una vez asediada por la duda, ahora se abría a posibilidades ilimitadas, inspirada por la certeza de que no había experiencia, por difícil que fuera, que no ofreciera alguna lección, alguna oportunidad para el crecimiento.

La experiencia con ReMem le había permitido reconciliarse con su pasado, había redefinido su futuro. Con una comprensión más profunda de sí misma y de la naturaleza del éxito y el fracaso, estaba lista para emprender nuevos proyectos y desafíos, sin temor, pero con una curiosidad y una determinación inquebrantables. En este momento de claridad y aceptación, Laura encontró la paz con su pasado, una nueva pasión por su trabajo y su vida, un deseo ardiente de vivir plenamente, de experimentar sin miedo al fracaso, porque sabía que, en última instancia, cada paso, cada caída, cada "fracaso", era simplemente una parte más del hermoso viaje de la vida. Ahora, con la visión renovada y un espíritu liberado de las cadenas del miedo, estaba lista para dar el siguiente paso, uno que antes habría considerado demasiado arriesgado, demasiado propenso al fracaso.

Inspirada por su reciente iluminación, se embarcó en el desarrollo de un proyecto audaz, una iniciativa que buscaba explorar territorios inéditos en el campo de la neurociencia. Este proyecto, que una vez habría evitado por temor a no cumplir con las expectativas, se convirtió en el símbolo de su transformación, un desafío que abrazaba con entusiasmo y determinación. A medida que trabajaba en su nueva investigación, se sentía impulsada por una energía y una confianza que no había experimentado antes. Cada obstáculo, cada contratiempo, ya no era un veredicto de su incompetencia, sino una oportunidad para aprender, adaptarse y avanzar. Su enfoque había cambiado: ya no estaba motivada por el temor a fallar, estaba motivada por la pasión de descubrir, de crear, de hacer una contribución significativa a su campo.

El día de la presentación de su proyecto, Laura se paró frente a sus colegas y a la comunidad científica con una presencia que irradiaba certeza, demostraba autoridad. Compartió su investigación, sus métodos y sus hallazgos preliminares, no eran solo datos en una diapositiva, eran más bien la narrativa de una búsqueda apasionada por el conocimiento, marcada por pruebas y aprendizajes en lugar de por éxitos ininterrumpidos. Al final de su presentación, reflexionó sobre el camino que la había llevado hasta allí. Mirando hacia la audiencia, compartió una última observación: la vida, como las huellas en la arena, está marcada por nuestras acciones y experiencias. Cada paso, ya sea firme o vacilante, deja una marca en el paisaje de nuestra existencia.

Algunas huellas pueden ser arrastradas por las olas, borradas por el tiempo o la adversidad, pero cada una contribuye a la historia de nuestro viaje, una historia de resiliencia, de superación y de la belleza inherente en el acto de seguir adelante, sin importar los obstáculos. Con esta reflexión, cerró su presentación, pero al mismo tiempo marcó el inicio de un capítulo lleno de confianza y exploración sin miedo. Su proyecto era una promesa de avances en su campo, un testimonio de su propio crecimiento. Las huellas que dejaba ahora en la arena de su vida eran más profundas, más decididas, reflejo de una mujer que había aprendido a ver cada fracaso no como un final, sino como el preludio de nuevas posibilidades, de nuevos descubrimientos. Y así, mientras el auditorio aplaudía, Laura sabía que este era solo el comienzo. Había encontrado su verdadero camino, uno pavimentado con la sabiduría de los fracasos pasados y la brillante promesa de los éxitos futuros. Estaba lista para caminar por él, dejando huellas que, esperaba, inspirarían a otros a emprender sus propios viajes de descubrimiento y transformación.

CAPÍTULO 4 "LA MELODÍA OLVIDADA"

En el silencio de su habitación, rodeado de partituras que ya no podía interpretar y fotografías de conciertos pasados que apenas recordaba, Arturo se sentía como un extraño en su propia vida. Había sido un pianista virtuoso, alguien cuyos dedos danzaban sobre el teclado con una facilidad y pasión que encantaba a audiencias alrededor del mundo. La música había sido su lenguaje, su refugio, su razón de ser. Pero ahora, tras el accidente que desdibujó los contornos de su memoria y mermó la destreza de sus manos, se encontraba en un limbo doloroso, incapaz de conectar con esa parte esencial de su identidad. Las secuelas del accidente habían sido devastadoras. Luchaba con la pérdida de la memoria que borró años de aprendizaje y experiencias, al mismo tiempo que enfrentaba la realidad física de no poder tocar como antes. Sus dedos, una vez ágiles y precisos, ahora se movían con torpeza, luchando por encontrar las notas que antes fluían sin siquiera pensarlo. A pesar de los esfuerzos de rehabilitación y las horas dedicadas a tratar de reanudar su práctica, la música le parecía ahora extraña, una lengua olvidada que ya no podía hablar. Las melodías que una vez compuso y tocó con tanto amor y dedicación eran como ecos distantes, sonidos sin forma que no podía alcanzar ni recrear. La desconexión era no solo física, sino también emocional; la música, que una vez fue fuente de alegría y consuelo, se había convertido en un recordatorio de todo lo que había perdido.

Sentado al piano, con las teclas bajo sus dedos, pero sin una melodía en su corazón, Arturo se sentía consumido por una mezcla de nostalgia y desesperanza. La trayectoria de su vida, una vez tan clara y llena de promesas, ahora parecía desviada hacia un futuro incierto, donde la música ya no tenía cabida. Era como si el accidente hubiera borrado tanto su pasado, como también su futuro, dejándolo a la deriva en un presente donde cada nota, cada pieza musical, era un recordatorio de lo que había sido y lo que, temía, nunca volvería a ser. En esta encrucijada de su vida, luchaba por recuperar su habilidad para tocar, por reencontrar su lugar en el mundo sin la música como su guía. La búsqueda de ese nuevo camino sería un viaje a través de la memoria y la rehabilitación, a través del alma, en busca de una chispa que, esperaba, aún ardía en algún rincón oscuro de su ser.

Durante una de las muchas sesiones de rehabilitación, en un espacio lleno de esperanza, pero también de frustraciones, Arturo compartió con su terapeuta el profundo vacío que sentía. La terapia física, aunque progresaba lentamente, no abordaba el desgarro emocional que la pérdida de su conexión con la música había generado en su interior. Era como si, junto con su habilidad para tocar, hubiera perdido una parte vital de su alma. Fue entonces cuando su terapeuta, consciente de la lucha interna que enfrentaba su paciente, le habló de ReMem, una tecnología emergente que ofrecía una forma novedosa de reconectar con los recuerdos perdidos o distantes. La explicación fue cautivadora: esta tecnología le permitía revivir momentos del pasado con una claridad asombrosa, al mismo tiempo que ofrecía la posibilidad de experimentar de nuevo las emociones y sensaciones asociadas a esos recuerdos. La propuesta de la terapeuta fue inusual pero intrigante. En lugar de enfocarse únicamente en la recuperación física, le sugirió que utilizara ReMem para explorar los recuerdos de su vida como músico, para revivir la pasión, la inspiración y las emociones que una vez alimentaron su arte. Era una idea revolucionaria: reconectar con la esencia de su música a través de la memoria emocional, buscando reavivar el fuego creativo que el accidente había apagado. Inicialmente, el hombre se mostró escéptico. ¿Cómo podrían los recuerdos devolverle lo que había perdido? Pero, al mismo tiempo, la curiosidad y la chispa de esperanza que había estado ausente durante tanto tiempo comenzaron a arder dentro de él. La posibilidad de reencontrarse con la música, no a través de sus manos sino a través de su corazón, era un camino que no había considerado.

Después de meditarlo por un tiempo, decidió acceder a probar esta nueva alternativa. La decisión no fue fácil, ya que implicaba sumergirse en un mar de recuerdos que sabía que podrían ser tan dolorosos como reconfortantes. Sin embargo, la posibilidad de redescubrir la llama que una vez encendió su creatividad fue el impulso que necesitaba. Con el apoyo de su terapeuta, se preparó para embarcarse en este viaje no convencional hacia la recuperación, un viaje que prometía llevarlo más allá de los límites de la rehabilitación física y adentrarse en el territorio inexplorado de la memoria emocional y la inspiración artística. Al tomar esta decisión, sintió un cambio sutil dentro de sí. La perspectiva de reencontrarse con la esencia de su música, incluso si eso no significaba poder tocar como antes, le otorgó un sentido de propósito que había estado ausente desde el accidente. Era un paso hacia lo desconocido, ciertamente, pero uno que estaba dispuesto a dar si eso significaba poder sentir nuevamente la pasión que había definido su existencia.

La noche antes de su primera sesión con ReMem, se encontraba en un estado de reflexión intensa, sus pensamientos fluctuando entre la duda y el anhelo de reconexión con su música. La propuesta de su terapeuta había plantado una semilla de curiosidad que, con el paso de las horas, había germinado en una decisión firme. Aunque parte de él se mantenía escéptico sobre la efectividad de revivir recuerdos para reencontrarse con su pasión perdida, otra parte, tal vez la más esencial, se aferraba a la esperanza de redescubrir la esencia de su creatividad musical. Sentado en la oscuridad de su sala, rodeado por las sombras de su piano silente y las partituras que ya no podía interpretar, contemplaba la posibilidad de volver a sentir la música no con sus dedos, sino con su alma. Recordaba vagamente las emociones que solían acompañar cada nota, cada composición; eran esos sentimientos, más que la técnica o la habilidad, los que habían hecho de su música algo vibrante, vivo. La posibilidad de reavivar esa chispa emocional, aunque fuera por un momento, se convirtió en una necesidad primaria.

Con la llegada del amanecer, Arturo se preparó para su primera sesión. Caminando hacia el lugar donde se llevaría a cabo la experiencia, cada paso lo acercaba más a ese mundo perdido de melodías y emociones que una vez fue su hogar. La decisión estaba tomada, y con ella, Arturo se abría a la posibilidad de transformación y renacimiento artístico, un renacimiento que buscaría a través de los recuerdos y emociones que esta desconocida tecnología prometía desenterrar. La sala del proceso estaba impregnada de una expectación que se podía percibir, mientras el hombre se acomodaba en la silla que sería su puerta de enlace al pasado. Los nervios que había sentido al tomar la decisión de embarcarse en este viaje se mezclaban ahora con una emoción cautelosa. Había elegido revivir uno de los momentos más luminosos de su carrera: la creación de su obra más querida, una pieza que había capturado la esencia de su pasión por la música y había resonado profundamente tanto con él como con su audiencia. Con ansiedad y esperanza, se sumergió en la experiencia que ReMem ofrecía. Al cerrar los ojos, los primeros acordes de esa composición emblemática comenzaron a resonar en su mente, pero no solo como notas en una partitura; venían cargadas de las emociones, pensamientos y circunstancias que habían rodeado su creación. Fue transportado de vuelta a aquellos días de inspiración febril, cuando la melodía había comenzado a tomar forma en su mente, casi como si tuviera vida propia. Podía sentir de nuevo la excitación del descubrimiento, la alegría pura de la creación, fluyendo a través de él con una intensidad que había olvidado que era posible sentir. Era como si cada nota revivida a través de esta tecnología trajera consigo un fragmento de su antiguo yo, aquel que vivía y respiraba música sin esfuerzo alguno. Pero más allá de la música, le permitió experimentar de nuevo el torbellino de sentimientos y experiencias que habían inspirado la composición. Recordó los momentos de duda y los destellos de euforia, los períodos de lucha creativa seguidos de revelaciones repentinas. Cada emoción, cada pensamiento, cada sensación que había alimentado la creación de su obra fluía ahora a través de él, reviviendo la complejidad de la experiencia creativa en toda su riqueza. La experiencia fue abrumadora y reveladora. Arturo comenzó a comprender que su conexión con la música había sido mucho más que una cuestión de técnica o habilidad. Había sido una expresión de su ser más profundo, un reflejo de su alma moldeada por sus vivencias, sus sueños y sus batallas personales. La pieza que había elegido revivir no era meramente una secuencia de notas armoniosas; era el eco de su vida en aquel momento, una sinfonía de emociones y pensamientos inmortalizados en la música.

Al concluir la sesión, se sintió profundamente conmovido, como si hubiera redescubierto un tesoro perdido. La música, que había parecido tan lejana y ajena, ahora resonaba en él con una nueva profundidad. A través de los recuerdos revividos, había encontrado un camino de vuelta a la esencia de su arte, una senda que lo llevaba a través de su corazón y su espíritu. Esta primera sesión había sido un viaje al pasado, al núcleo de su identidad como músico. Arturo comenzaba a vislumbrar la posibilidad de una conexión renovada con la música, una conexión que trascendía las limitaciones físicas y encontraba su verdadera expresión en la riqueza de la experiencia humana.

A medida que continuaba su exploración a través de ReMem, cada sesión mostraba momentos específicos de inspiración musical, era una intrincada red de experiencias vitales que habían alimentado su creatividad. Era una revelación tras otra, desplegando ante él un tapiz rico en emociones y vivencias que iban mucho más allá de las notas y las composiciones. La música, comenzaba a comprender, había sido simplemente el medio a través del cual había canalizado la esencia de su existencia. Las sesiones, le permitieron revivir los momentos de triunfo y de inspiración, como también aquellos de vulnerabilidad, de pérdida y de amor. Recordó las tardes solitarias en las que las melodías le servían de consuelo, los éxitos que compartía con seres queridos, las despedidas que se tornaban canciones. Cada recuerdo musical estaba íntimamente vinculado a un momento personal, cada acorde resonaba con las alegrías y penas de su vida. Arturo comenzó a ver su arte desde una nueva perspectiva. La música no era un fin en sí mismo, sino una forma de interpretar y comunicar la riqueza de la experiencia humana. Sus composiciones más queridas no eran aquellas técnicamente perfectas, sino las que capturaban la autenticidad de sus emociones, las que reflejaban los altibajos de su viaje personal. Esta comprensión marcó un punto de inflexión en su proceso de rehabilitación y redescubrimiento. Se dio cuenta de que su verdadera vocación como músico no residía en la habilidad de ejecutar piezas complejas, sino en su capacidad para plasmar la vida en música, para transformar sus experiencias, sus sueños y sus desafíos en melodías que resonaran con otros. El arte del musico, liberado de la necesidad de perfección técnica, comenzó a fluir de una manera más auténtica y profunda. Empezó a experimentar con sonidos y ritmos de maneras que antes no había considerado, buscando nuevas formas de expresar las revelaciones que estas sesiones de conexión con sus recuerdos, le habían brindado. Su música se volvió más personal, más verdadera, un reflejo directo de su ser. Esta revelación no solo cambió su enfoque hacia la música, sino también su comprensión de sí mismo y su lugar en el mundo. El hombre comprendió que su contribución más valiosa como artista no sería la perfección técnica, sino la honestidad emocional, la capacidad de compartir a través de su arte la universalidad de la experiencia humana.

Con esta nueva comprensión, se sintió revitalizado, listo para enfrentar su futuro como un artista que había encontrado una fuente más profunda de inspiración. La música seguía siendo su pasión, pero ahora veía claro que la verdadera música surgía de la vida misma, de cada momento vivido, de cada alegría y de cada pena que había experimentado. Con su pensamiento renovado, encontró nuevas maneras de hacer música. Empezó a experimentar con tecnologías asistidas que le permitían crear sonidos y composiciones sin la necesidad de la ejecución tradicional. Estas herramientas no eran sustitutos de sus manos, sino extensiones de su corazón y su mente, medios a través de los cuales podía canalizar la intensidad emocional que había redescubierto. La música que surgía de él ahora era diferente de todo lo que había creado antes. Era más experimental, más personal, iluminada de las emociones y experiencias que había revivido a través de ReMem. Cada nota, cada melodía, era un testimonio de su viaje, una celebración de la resiliencia y la capacidad del espíritu humano para encontrar belleza y expresión incluso en medio de la adversidad. La conexión renovada que había encontrado no era solo con su música, sino también con él mismo y con el mundo que lo rodeaba. Había aprendido que, aunque el camino hacia la recuperación podía ser largo y plagado de desafíos, la pasión y el arte encontraban siempre una manera de florecer, impulsados por la fuerza indomable del corazón y el alma.

La transformación del artista también se reflejaba en su enfoque hacia la composición. Antes del accidente, su música, aunque técnicamente impecable y emocionalmente resonante, seguía las convenciones de géneros y estilos establecidos. Ahora, liberado de la necesidad de adherirse a estas normas, comenzó a crear piezas que desafiaban las categorías tradicionales, que se situaban en la frontera entre lo clásico y lo experimental, entre lo personal y lo universal. Sus nuevas composiciones eran el reflejo de su viaje: complejas, llenas de matices, y profundamente emotivas. En ellas, exploraba temáticas de pérdida, resiliencia, amor y redescubrimiento, utilizando la variedad de texturas sonoras que las tecnologías le ofrecían para dar forma a su mensaje. Cada pieza era una narrativa en sí misma, una exploración del alma humana a través del sonido.

Esta etapa de su carrera no estuvo exenta de desafíos. La recepción de su nueva música variaba, encontrando tanto adeptos entusiastas como críticos desconcertados por su cambio de dirección. Sin embargo, el valor de su obra ya no residía en la aclamación externa, residía más bien en la autenticidad de su expresión artística y en la satisfacción personal de haber encontrado un nuevo lenguaje musical que le permitía comunicarse de manera más verdadera y profunda. A través de su exploración artística, había encontrado una manera de reconciliarse con las secuelas del accidente, de ver su discapacidad no como una limitación, sino como un desafío que había ampliado su perspectiva y enriquecido su arte. La música, una vez más, era su compañera constante, pero ahora bailaban juntos a un nuevo ritmo, uno que resonaba con las profundidades de su experiencia y su incansable espíritu de innovación.

En un pequeño teatro bañado por la luz tenue de las velas, un público selecto esperaba con anticipación. La noticia del concierto de Arturo había circulado como un rumor entre aquellos que conocían su historia, su caída y su renacimiento. Este no era un regreso al escenario en el sentido tradicional; era algo mucho más profundo, una revelación de transformación y renacimiento artístico. Cuando el artista apareció en el escenario, no había rastro de nerviosismo en su presencia. Estaba sereno, casi etéreo, con la certeza de quien ha cruzado por la tormenta y ha encontrado un nuevo sentido de propósito. A su lado, se encontraba el piano y una serie de dispositivos electrónicos y tecnológicos, testigos mudos de su nueva forma de hacer música. La audiencia guardaba un silencio expectante cuando Arturo comenzó a interpretar "La Melodía Olvidada". No era simplemente una pieza musical; era la síntesis de su viaje, una narrativa sonora que encapsulaba su lucha, su dolor, su aprendizaje y, sobre todo, su renovada pasión por la vida y por la música. Desde las primeras notas, quedó claro que esta composición era diferente a todo lo que había creado antes. Los sonidos, a veces crudos y experimentales, otras veces melódicos y profundamente emotivos, fluían en una corriente de expresión pura, trascendiendo las barreras del idioma y tocando directamente el alma de los oyentes. La pieza era un viaje en sí misma, llevando a la audiencia a través de las sombras hacia la luz, de la desesperación a la esperanza, reflejando la propia travesía del pianista desde la oscuridad de su accidente hacia la luz de su reconexión con la música. "La Melodía Olvidada" era, en esencia, un testimonio de la resiliencia del espíritu humano y de la capacidad del arte para capturar y comunicar la complejidad de nuestras experiencias. En ella, había logrado tejer su dolor y su alegría en una obra que hablaba no solo de su historia personal, sino también de las emociones universales que nos conectan a todos.

Al finalizar la pieza, el silencio se prolongó por unos momentos, como si el público necesitara tiempo para regresar de aquel viaje emocional. Luego, el teatro estalló en aplausos, una ovación que era tanto un reconocimiento de la belleza de la composición como de la valentía y la integridad de su creador. Arturo recibió el aplauso con humildad, sabiendo que esta obra marcaba su regreso como artista, el comienzo de una nueva etapa en su vida y en su carrera. A través de su música, había encontrado una forma de trascender las limitaciones físicas, comunicando la profundidad de la experiencia humana con cada nota, cada pausa, cada respiro. Esa noche no era solo un concierto; era la celebración de un alma que había encontrado su camino de regreso a la luz, a través del arte, y que ahora compartía esa luz con el mundo. "La Melodía Olvidada" quedó como un eco de esa jornada, un recordatorio de que, en el arte como en la vida, siempre hay espacio para la transformación, la esperanza y la belleza inesperada.

CAPÍTULO 5: "ECOS DE UNA VIDA NO VIVIDA"

Elena se encontraba en el tranquilo rincón de su jardín, un lugar adornado con flores que cambiaban con las estaciones, un reflejo de una vida estructurada, predecible y, sobre todo, segura. Mientras el sol comenzaba a ocultarse, tiñendo el cielo de tonos dorados y rosas, sus pensamientos se sumergían en una profunda reflexión. Ahora, en la madurez de su existencia, cada atardecer le traía un recordatorio de los años que habían pasado, de las decisiones tomadas y, más intensamente, de aquellas oportunidades que había dejado escapar. Había una inquietud en su interior, una añoranza por un camino que nunca se atrevió a tomar, por un amor que había dejado atrás y una aventura que nunca persiguió. En su juventud, se había enfrentado a una encrucijada: seguir a su amor hacia una vida incierta llena de aventuras y posibilidades, o permanecer en el camino seguro, aquel que su familia y la sociedad esperaban de ella. Elena, temerosa del cambio y del riesgo que implicaba lo desconocido, eligió la seguridad, una decisión que había moldeado cada aspecto de su vida desde entonces. Ahora, rodeada de la comodidad y la estabilidad que había buscado, no podía evitar sentir que algo faltaba. A pesar de los logros y la tranquilidad, había un vacío que la seguridad no lograba llenar, una pasión que nunca fue encendida. Las memorias de lo que "podría haber sido" visitaban su mente con frecuencia, llenándola de preguntas sin respuesta y de sueños sobre un mundo de posibilidades que había cerrado para sí misma. Se preguntaba a menudo si su vida habría sido radicalmente diferente de haber tomado aquel otro camino, si las alegrías y los amores que habría experimentado superarían los miedos y los riesgos que tanto la habían atemorizado. Estos pensamientos la acompañaban en sus momentos de soledad, susurrando historias de una vida no vivida, de una versión de ella misma que había sido silenciada por el temor a lo incierto. En su jardín, mientras la luz del día se desvanecía, se permitía sentir plenamente esa inquietud. Era un sentimiento agridulce, una mezcla de gratitud por lo que tenía y un anhelo por lo que se había perdido en el camino. Esta reflexión sobre su vida, marcada por la seguridad, pero vacía de la pasión que una vez soñó, era el punto de partida de un viaje que no sabía que estaba a punto de emprender, un viaje que la llevaría a explorar las profundidades de su corazón y a enfrentarse a los ecos de una vida no vivida.

Una tarde de otoño, mientras compartía té y recuerdos con una vieja amiga, Elena escuchó por primera vez sobre ReMem. Su amiga, con un brillo renovado en los ojos, le contó cómo había utilizado esta tecnología para enfrentar y superar un antiguo arrepentimiento, reviviendo un momento de su pasado para comprender mejor las decisiones que había tomado. La historia de su amiga, de dudas transformadas en entendimiento y paz, encendió una chispa de curiosidad en ella. A pesar del escepticismo inicial, la posibilidad de explorar los "qué hubiera sido si" de su propia vida comenzó a atraerla con una fuerza magnética. La idea de sumergirse en una realidad alternativa, de experimentar la vida que podría haber tenido si hubiera tomado el camino menos seguro, menos predecible, resonó profundamente en su interior. Se encontró dividida entre el miedo a descubrir una verdad incómoda y la esperanza de encontrar algún tipo de cierre o, quizás, una nueva perspectiva sobre su vida actual.

Después de días de reflexión, el deseo de enfrentar el pasado y explorar la vida no vivida superó sus reservas. La mujer tomó la decisión crucial de usar ReMem para revivir el momento decisivo de su juventud: aquel instante en que, parada en una encrucijada tanto literal como figurativa, eligió la seguridad sobre la incertidumbre, la comodidad sobre la pasión.

La sesión con esta nueva tecnología fue programada, y a medida que se acercaba la fecha, Elena sintió una amalgama de emociones: ansiedad, anticipación, y un conjunto de emociones que no había sentido en años. Cuando finalmente llegó el momento, se encontró en una sala tranquila, con la tecnología de ReMem preparada para transportarla de vuelta a aquel día que había moldeado el resto de su vida. A través de los ojos de su yo más joven, se enfrentó nuevamente a la decisión que había cambiado su destino. Sentía el amor y la aventura llamándola, prometiendo una vida de posibilidades ilimitadas, de pasiones desatadas y sueños compartidos. Esta vez, sin embargo, impulsada por la curiosidad y el anhelo de lo que había renunciado, eligió seguir a su amor, embarcándose en la vida incierta llena de aventuras que había rechazado en su juventud. La experiencia fue intensa y reveladora. Se encontró experimentando una vida que en algún momento había imaginado, pero nunca vivido. A través de los ojos de su yo más joven, vio cómo era seguir a su amor a una vida llena de incertidumbres, pero también de posibilidades infinitas. Cada día traía una nueva aventura, cada decisión estaba impregnada de riesgo y pasión. Había amor, mucho amor, el tipo profundo y vibrante que se nutre de la aventura compartida y del crecimiento mutuo. Sintió de nuevo la alegría de esos primeros días de libertad y descubrimiento, la excitación de explorar nuevas ciudades, de aprender nuevos idiomas, de sumergirse en culturas completamente distintas. Era una vida de exploración constante, de días bajo el sol en playas desconocidas y noches bajo las estrellas en desiertos lejanos. Pero con la alegría también llegaban los desafíos. Vivía en una constante incertidumbre financiera, algo que su vida más segura y predecible había evitado. Las relaciones también eran más complejas, cargadas de la intensidad que viene con compartir tanto en circunstancias a menudo difíciles.

A medida que la experiencia avanzaba, se encontró en el corazón de decisiones complicadas y situaciones de gran tensión. Se vio a sí misma enfrentando problemas serios, como enfermedades en lugares sin acceso fácil a la atención médica, conflictos debido a diferencias culturales profundas, y la tensión de mantener una relación fuerte cuando cada uno se encontraba constantemente fuera de su zona de confort. Estos momentos eran pruebas de fuego, que requerían una fortaleza y una resiliencia que ella había desarrollado en su vida segura, pero que en esta realidad alternativa se manifestaban de maneras completamente diferentes. Fue en medio de estas experiencias cuando la mujer llegó a un punto de inflexión. Comenzó a entender que cada elección, independientemente del camino elegido, conlleva sus propios retos y lecciones. La vida que había rechazado no era ni mejor ni peor de manera objetiva; simplemente ofrecía un conjunto diferente de experiencias y oportunidades de crecimiento. Comprendió que las dificultades a las que se enfrentaba su yo alternativo eran tan reales y formativas como las que había encontrado en su vida real. Esta revelación fue crucial. Elena se dio cuenta de que idealizar un camino no tomado era ignorar las complejidades inherentes a cualquier vida. Cada existencia, cada elección lleva implícita una mezcla de sacrificio y recompensa, y ninguna está exenta de dificultades. A través de ReMem, había vivido la vida que podría haber tenido, lo que le enseñó a valorar más profundamente la alternativa que realmente había vivido. Esta comprensión le permitió apreciar su propia vida con una nueva profundidad, reconociendo que la felicidad no depende de las circunstancias externas tanto como de la capacidad de encontrar significado y satisfacción en las decisiones tomadas.

parecido tan lejana y ajena, ahora resonaba en él con una nueva profundidad. A través de los recuerdos revividos, había encontrado un camino de vuelta a la esencia de su arte, una senda que lo llevaba a través de su corazón y su espíritu. Esta primera sesión había sido un viaje al pasado, al núcleo de su identidad como músico. Arturo comenzaba a vislumbrar la posibilidad de una conexión renovada con la música, una conexión que trascendía las limitaciones físicas y encontraba su verdadera expresión en la riqueza de la experiencia humana.

A medida que continuaba su exploración a través de ReMem, cada sesión mostraba momentos específicos de inspiración musical, era una intrincada red de experiencias vitales que habían alimentado su creatividad. Era una revelación tras otra, desplegando ante él un tapiz rico en emociones y vivencias que iban mucho más allá de las notas y las composiciones. La música, comenzaba a comprender, había sido simplemente el medio a través del cual había canalizado la esencia de su existencia. Las sesiones, le permitieron revivir los momentos de triunfo y de inspiración, como también aquellos de vulnerabilidad, de pérdida y de amor. Recordó las tardes solitarias en las que las melodías le servían de consuelo, los éxitos que compartía con seres queridos, las despedidas que se tornaban canciones. Cada recuerdo musical estaba íntimamente vinculado a un momento personal, cada acorde resonaba con las alegrías y penas de su vida. Arturo comenzó a ver su arte desde una nueva perspectiva. La música no era un fin en sí mismo, sino una forma de interpretar y aquellos días de inspiración febril, cuando la melodía había comenzado a tomar forma en su mente, casi como si tuviera vida propia. Podía sentir de nuevo la excitación del descubrimiento, la alegría pura de la creación, fluyendo a través de él con una intensidad que había olvidado que era posible sentir. Era como si cada nota revivida a través de esta tecnología trajera consigo un fragmento de su antiguo yo, aquel que vivía y respiraba música sin esfuerzo alguno. Pero más allá de la música, le permitió experimentar de nuevo el torbellino de sentimientos y experiencias que habían inspirado la composición. Recordó los momentos de duda y los destellos de euforia, los períodos de lucha creativa seguidos de revelaciones repentinas. Cada emoción, cada pensamiento, cada sensación que había alimentado la creación de su obra fluía ahora a través de él, reviviendo la complejidad de la experiencia creativa en toda su riqueza. La experiencia fue abrumadora y reveladora. Arturo comenzó a comprender que su conexión con la música había sido mucho más que una cuestión de técnica o habilidad. Había sido una expresión de su ser más profundo, un reflejo de su alma moldeada por sus vivencias, sus sueños y sus batallas personales. La pieza que había elegido revivir no era meramente una secuencia de notas armoniosas; era el eco de su vida en aquel momento, una sinfonía de emociones y pensamientos inmortalizados en la música.

Al concluir la sesión, se sintió profundamente conmovido, como si hubiera redescubierto un tesoro perdido. La música, que había

Después de vivir intensamente la vida que una vez creyó desear por encima de todo, emergió de su sesión con una claridad que había eludido durante años. La experiencia había sido más que un simple viaje a través de lo que podría haber sido; fue una ventana a una comprensión más profunda de sí misma y de las elecciones que había hecho. Se dio cuenta de que su vida actual, aunque desprovista de las aventuras audaces que había soñado en su juventud, estaba llena de riquezas de otro tipo: logros significativos, relaciones profundas y momentos de alegría tranquila. La revelación de que su arrepentimiento se basaba en una idealización del camino no tomado fue liberadora. Comprendió que la vida que había construido, con sus rutinas y seguridad, no carecía de pasión, sino que contenía formas diferentes de vivirla. La felicidad, se dio cuenta, no siempre requería de saltos al vacío o cambios radicales; a menudo, se encontraba en el amor compartido con la familia, en las amistades cultivadas a lo largo de los años, y en las pequeñas aventuras del día a día que había pasado por alto. Esta aceptación marcó un punto de inflexión en cómo veía su existencia. Ya no como una serie de oportunidades perdidas, sino como una vida plena con sus propias formas de realización y descubrimiento. La sesión de ReMem, lejos de intensificar su arrepentimiento, le había mostrado que cada elección que había hecho la había llevado por un camino lleno de sus propias aventuras y aprendizajes.

Con este nuevo entendimiento, decidió que debía integrar las experiencias vividas durante su sesión de vida alternativa, en su vida real. Empezó a abrirse a nuevas oportunidades de aventura y crecimiento, aunque de maneras más pequeñas y personales que las que había imaginado en su juventud. Esto incluía retomar antiguos hobbies que había dejado de lado, viajar a lugares nuevos dentro de su propio país e incluso explorar creativamente en su cocina Se propuso vivir más plenamente, abrazando tanto las alegrías como los desafíos que venían con el estar presente y comprometida con su vida tal como era. Aprendió que el arrepentimiento no tenía que ser una cadena que la atara al pasado, sino un catalizador para el crecimiento y la reinvención. Al aceptar y apreciar su vida, se liberó de las cadenas del "qué hubiera sido sí", al mismo tiempo que abrió su corazón a las posibilidades que aún estaban por venir, marcando el inicio de un nuevo capítulo en su vida, uno lleno de valentía, apertura y aventura, sin importar la escala.

En una luminosa mañana de primavera, se encontró de pie frente a la ventana de su cocina, contemplando el jardín que comenzaba a florecer. La luz del sol se filtraba a través de las hojas, creando patrones de sombra y luz que danzaban sobre el césped. En ese momento, algo dentro de ella cambió. Inspirada por la transformación que había experimentado y la revelación de que la vida estaba llena de posibilidades aún por explorar, tomó una decisión espontánea, algo completamente fuera de su carácter habitual. Recordó un folleto de un curso de arte local que había recogido días atrás, pensando en lo mucho que había disfrutado pintar en su juventud, antes de que las responsabilidades y el miedo al juicio ajeno la alejaran de esa pasión. Antes, la idea de inscribirse en el curso y compartir su arte con desconocidos le habría parecido aterradora, una invitación al fracaso y la crítica. Pero esa mañana, impulsada por una nueva fortaleza y una apertura al riesgo, tomó su teléfono y se inscribió en el curso sin dudarlo. Esta acción, aparentemente pequeña, marcó el inicio de una nueva etapa en su vida. Era la primera de muchas decisiones que tomaría, cada una reflejando su compromiso de vivir plenamente, de explorar sus intereses y pasiones sin dejar que el miedo al fracaso la detuviera. Comenzó a entender que cada nuevo día ofrecía oportunidades para la aventura y el crecimiento, incluso en la escala más modesta. La transformación en Elena no pasó desapercibida para sus seres queridos, quienes vieron cómo comenzaba a abrazar la vida con una energía y una alegría que no habían visto en ella durante años. Ya no estaba atada por los arrepentimientos de lo que no había hecho; en su lugar, se sentía fortalecida por la aceptación de su pasado y entusiasmada por el presente y el futuro. Aprendió a vivir con más valentía y apertura, consciente de que, aunque el pasado no podía cambiarse, el presente estaba lleno de posibilidades para aquellos dispuestos a tomarlas. Se dio cuenta de que la verdadera aventura no siempre requería cambios drásticos o decisiones arriesgadas; a menudo, la mayor aventura residía en la voluntad de abrir el corazón a nuevas experiencias y en la capacidad de ver lo extraordinario en lo ordinario. La decisión de Elena de inscribirse en el curso de arte fue solo el comienzo. Cada paso que daba, cada nueva experiencia que buscaba, la alejaba más de la mujer que una vez miró hacia atrás con inquietud y añoranza. Ahora, miraba hacia adelante con esperanza, lista para escribir los próximos capítulos de su vida con las manos y el corazón abiertos. En esta nueva fase de su existencia, no solo redescubrió su amor por el arte, sino que también se redescubrió a sí misma: una mujer resiliente, apasionada y, sobre todo, viva.

CAPÍTULO 6: "SOMBRAS ENTRE LUCES"

Marcos, un hombre de mediana edad, se encontraba cada día más inmerso en la monotonía de su existencia. Su vida, compuesta por una serie de rutinas repetitivas y carentes de inspiración, parecía desvanecerse en una sucesión de días indistinguibles. Cada mañana, el camino al trabajo no era más que un eco de su descontento, reflejado en cada paso hacia un empleo que había dejado de desafiarlo hace tiempo. Las relaciones personales, que una vez pintaron de colores vivos su vida social, se habían desgastado hasta convertirse en interacciones superficiales, dejando poco espacio para la auténtica conexión. Fue durante un otoño particularmente gris, tanto en el clima como en su espíritu, cuando Marcos descubrió ReMem. La tecnología apareció ante él como una innovación en un boletín de ciencia que solía leer para escapar de su letargo, era una promesa de escape hacia un tiempo mejor: el pasado. La idea de poder revisitar momentos que había guardado como tesoros en su memoria, especialmente aquellos días impregnados de felicidad y esperanza juvenil, le pareció una revelación. Había un día específico en su juventud que brillaba en su memoria como un faro de alegría pura: un día de verano lleno de risas, aventuras y la compañía de amigos que, como él, creían que todo era posible. Este recuerdo, un momento dorado en una playa donde el sol besaba el horizonte y el futuro parecía un lienzo esperando ser pintado, se convirtió en su anhelo constante.

La primera sesión con ReMem se convirtió para Marcos en un ritual casi sagrado. En la quietud de la habitación, solo con la luz del suave resplandor de la interfaz de la máquina iluminando su rostro, se sentaba y cerraba los ojos. El zumbido suave de la tecnología lo envolvía completamente, un sonido que pronto se convirtió en el preludio de su escape. Al activarse la máquina, Marcos era transportado de vuelta a aquel día luminoso de su juventud, cuando el sol bañaba su piel, las risas de sus amigos llenaban el aire y la arena cálida se deslizaba entre sus dedos. En esos momentos, reviviendo el día más feliz de su vida, encontraba un consuelo que le parecía más real que su presente cada vez más gris.

Al principio, las sesiones eran esporádicas, un refugio ocasional en días particularmente difíciles. Sin embargo, la vividez y la emoción de esos recuerdos felices pronto comenzaron a contrastar de manera más marcada con la monotonía de su vida diaria. Lo que inicialmente fue un dulce alivio empezó a transformarse en una necesidad: la necesidad de sentir de nuevo aquella alegría pura y sin complicaciones. Con cada sesión, Marcos se sumergía más profundamente y por más tiempo. Comenzó a experimentar con la frecuencia de sus viajes al pasado, aumentando gradualmente las horas que pasaba conectado a ReMem. Cada retorno a la realidad se volvía más doloroso, la luz del sol menos brillante, las conversaciones diarias más insulsas, y su trabajo, que nunca le había apasionado verdaderamente, ahora le resultaba completamente insufrible. Esta creciente dependencia de sus experiencias pasadas empezó a tomar un peaje evidente. Se encontró cada vez más desconectado de su entorno; las oportunidades de encontrar pequeñas alegrías en su presente se desvanecían mientras él se enfocaba únicamente en recrear aquel día perfecto una y otra vez. Su desapego no solo afectó su rendimiento laboral, sino que también comenzó a erosionar sus relaciones. Amigos y familiares notaban su creciente ausencia, no solo física sino emocional. Eventualmente, su salud también comenzó a deteriorarse. Ignoraba comidas, saltaba sesiones de ejercicio, y su sueño era frecuentemente interrumpido por la ansiedad de perder incluso un minuto del éxtasis que encontraba en sus recuerdos. Lo que había comenzado como un refugio se había convertido en una celda, con él encerrado voluntariamente dentro, incapaz de encontrar un placer comparable en la realidad de su vida actual, que ahora veía solo en tonos de gris.

La obsesión de Marcos con su pasado alcanzó un punto crítico cuando un viejo amigo, alarmado por su deterioro, intervino. La intervención comenzó como un encuentro casual, pero rápidamente se tornó en una conversación profunda y reveladora. Sentados en el viejo café que solían frecuentar, el amigo de Marcos, con una mezcla de preocupación y firmeza, le habló de los cambios que había observado en él. "Estás atrapado,

Marcos", dijo, "atrapado en un pasado que idealizas tanto que has dejado de vivir tu presente". Marcos, aunque inicialmente a la defensiva, no pudo negar la verdad en las palabras de su amigo. La conversación desentrañó la profundidad de su obsesión con la visita a sus recuerdos, revelando cómo había sustituido la búsqueda de mejoras en su vida real por el consuelo de revivir sus recuerdos más queridos. Inspirado, o más bien confrontado, por la honestidad de su amigo, aceptó el desafío de pasar un día entero sin recurrir a ReMem. Al principio, la idea le pareció simple, casi trivial. Sin embargo, a medida que avanzaba el día, la realidad de su situación se volvió cada vez más palpable. Sin la posibilidad de escapar a su día más feliz, se vio obligado a enfrentarse a la vida que había estado ignorando. Fue un día de desconcierto y revelación. En el trabajo, se encontró desconectado, dándose cuenta de cuánto había descuidado sus responsabilidades y ambiciones. Los proyectos que una vez lo apasionaban ahora estaban cubiertos de polvo, y sus relaciones con colegas se habían enfriado por la falta de interacción genuina. Al regresar a casa, la soledad de su apartamento, normalmente aliviada por sus viajes a través aquella tecnología, se sintió abrumadora. Fue en ese mismo momento que decidió salir, para caminar por las calles de la ciudad que habían sido su hogar durante años pero que ahora se sentían extrañamente ajenas. Observaba a la gente a su alrededor, parejas riendo, amigos compartiendo momentos, familias disfrutando de una tarde juntos, y se dio cuenta de cuánto de la vida real había perdido sumido en sus recuerdos. Experimentó una serie de pequeñas revelaciones que, sumadas, se convirtieron en una poderosa revelación sobre su vida. Casualmente se encontró con un colega, con quien al saludarse decidieron tomar un café, un momento compartido que llevó a una conversación genuina y significativa que había sido rara en los últimos tiempos, revelando la posibilidad de amistades profundas que había desatendido. Un paseo por un parque lo sorprendió con la belleza serena de la naturaleza en medio de la ciudad, un placer sencillo que había olvidado apreciar. Y un encuentro fortuito con un vecino necesitado de ayuda le recordó la satisfacción que viene de extender una mano amiga. Estas experiencias, aunque menores en la superficie, tejieron juntas un tapiz de oportunidades perdidas y momentos felices pasados por alto. Fue una revelación dolorosa para Marcos: en su obsesión por revivir un día de felicidad pasada, había cerrado los ojos a los innumerables momentos presentes capaces de traer alegría a su vida. Cada interacción, cada pequeña decisión de abrirse al mundo a su alrededor, llevaba consigo el potencial de construir una vida llena de significado y satisfacción.

Reflexionando sobre este día de despertar, enfrentó una verdad incómoda pero liberadora. La vida que había estado viviendo, sumida en el pasado y desconectada del presente, era una sombra de lo que podía ser. La verdadera felicidad, comprendió, no se encontraba en la repetición constante de un recuerdo, sino en la acumulación de experiencias nuevas y en la construcción de relaciones reales y significativas. Con esta comprensión, tomó una decisión trascendental. Limitaría su uso de ReMem, usando la tecnología no como un escape de su vida, sino como una herramienta para mejorar su comprensión de sí mismo y su pasado, con el fin de construir un futuro mejor. Era una decisión que requería ayuda, valor y determinación, pues significaba dejar atrás la obsesión con su pasado conocido para enfrentar la incertidumbre y los desafíos del presente. Debido a esto, comenzó a buscar ayuda, tanto profesional como de su círculo de amigos y familiares, para manejar su problema y aprender a reconectar con el presente. Las conversaciones con un terapeuta le proporcionaron nuevas perspectivas sobre su comportamiento y estrategias para cultivar una presencia más consciente en su vida diaria. Reavivar viejas amistades y forjar nuevas se convirtió en una prioridad, al igual que buscar nuevas experiencias que pudieran traerle alegría y satisfacción.

La decisión de Marcos de cambiar su enfoque de vida fue el primer paso hacia una transformación profunda. Aunque el camino hacia la aceptación y el cambio no fue fácil, reconoció que la verdadera felicidad y la realización requerirían trabajo y compromiso, tanto con uno mismo como con el mundo. La elección de vivir en el presente, apreciando y buscando activamente momentos de felicidad y conexión, marcó el inicio de un nuevo capítulo en su vida, uno lleno de posibilidades aún por explorar. Inició su camino hacia el cambio con pequeños pero significativos pasos. Empezó a desempolvar viejas aficiones que habían quedado relegadas a un segundo plano en su vida; la fotografía, que una vez capturó su imaginación, volvió a ser una fuente de alegría y exploración. Se dio cuenta de que cada imagen que tomaba era un recordatorio de los bellos detalles del presente que había estado ignorando. Reconectar con amigos y familia fue otra pieza clave en su transformación. El hombre se sorprendió al descubrir cuánto habían cambiado las personas a su alrededor, y cuánto había cambiado él mismo. Las conversaciones, llenas de risas y a veces de reflexiones profundas, reavivaron viejas relaciones y sembraron las semillas para nuevas conexiones. Era como si, al abrirse de nuevo al mundo, el mundo a su vez se abriera para él. La búsqueda de nuevas experiencias se convirtió en una constante en su vida. Se aventuró a probar cosas que antes habría considerado demasiado arriesgadas o triviales, desde clases de cocina hasta senderismo en la naturaleza. Cada nueva actividad le brindaba una sensación de logro y la satisfacción de saber que estaba construyendo activamente su felicidad en el aquí y ahora. A medida que implementaba estos cambios, comenzó a encontrar un nuevo equilibrio en su vida. Los recuerdos felices del pasado seguían siendo una parte valiosa de quién era, pero ya no lo dominaban ni le impedían apreciar el presente. Había aprendido a mirar hacia atrás con gratitud por las experiencias vividas, mientras se mantenía firmemente anclado en el presente, abierto a las posibilidades de cada nuevo día.

Una tarde mientras el sol comenzaba su descenso hacia el horizonte, tiñendo el cielo con tonos de rosa y naranja, Marcos se encontraba sentado en la tranquila soledad de un parque local. El banco en el que se había acomodado ofrecía una vista privilegiada del atardecer, un espectáculo diario de belleza efímera que, hasta hace poco, había pasado desapercibido para él. A medida que observaba cómo los colores se fundían en el cielo, una sonrisa se dibujaba lentamente en su rostro. Era una sonrisa de realización, de alguien que había redescubierto un antiguo secreto: la belleza de lo simple, lo imperfecto, lo real. No había ReMem que mediara esta experiencia, no había necesidad de tecnología para intensificar la vivencia. La realidad, con todas sus imperfecciones y sorpresas inesperadas, era suficiente. Era más que suficiente. Este momento, simple pero profundamente significativo, entendió que era el renacimiento hacia una vida donde el pasado y el presente no competían, sino que coexistían en una armonía dulce y serena. A lo largo de su jornada desde la obsesión con recrear un día perfecto hasta este instante de contentamiento puro, había aprendido a encontrar la felicidad tanto en los recuerdos de días dorados, como también en las pequeñas cosas que componen el día a día. Había redescubierto el arte de vivir, ese conocimiento innato que todos poseemos pero que a veces se pierde entre las preocupaciones y las prisiones autoimpuestas. Al levantarse del banco, con la última luz del día desvaneciéndose en el horizonte, se sentía renovado. Sabía que no podía cambiar su pasado, ni necesitaba hacerlo. Lo que sí podía hacer era moldear su presente y, con él, su futuro. Cada paso que daba ahora estaba imbuido de una promesa: la promesa de estar presente, de apreciar cada momento, de vivir. Su viaje, un poderoso recordatorio de la capacidad humana para adaptarse y encontrar paz, había transformado su percepción del tiempo, su manera de interactuar con el mundo. Marcos había aprendido, finalmente, que mientras el pasado tiene su lugar, es en el presente donde la vida realmente sucede. Y estaba listo, más que nunca, para vivirla plenamente.

CAPÍTULO 7: "FRAGMENTOS DE REALIDAD"

Lucía se movía por la vida como quien camina a través de una neblina densa, cada paso incierto, cada momento teñido por la sombra de un pasado que no lograba comprender del todo. Los recuerdos de un evento traumático se agitaban en su mente como hojas arrastradas por el viento, nunca deteniéndose lo suficiente como para formar una imagen completa, pero siempre presentes, siempre inquietantes. Eran fragmentos de memoria que se resistían a ensamblarse en una narrativa coherente, dejándola en un estado constante de confusión y dolor. Vivía atormentada por lo que recordaba, como también por lo que no podía recordar. Las lagunas en su memoria eran abismos oscuros que parecían tragar cualquier intento de claridad o entendimiento. Este mosaico roto de recuerdos afectaba profundamente su percepción de la realidad. ¿Cómo podía confiar en su propia mente cuando esta le presentaba una versión de los hechos tan fragmentada y distorsionada? ¿Cómo podía distinguir entre lo que había ocurrido realmente y lo que su cerebro, en un intento de protegerla o de hacerle frente al trauma, había alterado o borrado? El dolor asociado a estos recuerdos era una constante en su vida, un eco sordo de algo terrible que había sucedido, pero cuyos contornos precisos se le escapaban. Ese dolor se había convertido en su sombra, siguiéndola en cada momento, oscureciendo su felicidad y tiñendo sus días de una tristeza que no lograba explicar completamente. La lucha de Lucía no era solo contra los fantasmas de su pasado, era también contra la incertidumbre de su presente. La duda sobre su propia memoria y experiencias la hacía cuestionar cada percepción, cada emoción. Se sentía desorientada, como si la brújula que debía guiarla a través de la vida hubiera perdido su norte. Esta batalla interna la había llevado a buscar ayuda de terapeutas y a probar diversas técnicas de manejo del estrés y el trauma, pero nada parecía ofrecerle la paz o la claridad que anhelaba. Su mente, un laberinto de sombras y luces parpadeantes, parecía un enigma que no podía resolver. Y así, atrapada entre los fragmentos de su realidad, Lucía continuaba su búsqueda de respuestas, esperando encontrar alguna manera de reunir las piezas dispersas de su memoria y, con ellas, reconstruir su percepción de la vida.

La primera chispa de esperanza para la mujer llegó en una tarde inesperada, mientras se encontraba navegando por internet en busca de alguna nueva terapia o testimonio que pudiera ofrecerle un camino hacia la claridad. Fue entonces cuando se topó con ReMem, una tecnología innovadora que prometía permitir a los usuarios revivir sus recuerdos con una precisión sin precedentes. La posibilidad de explorar su pasado, de enfrentarse cara a cara con aquellos momentos fragmentados que tanto la atormentaban, le ofreció un rayo de luz en la oscuridad. Con una mezcla de ansiedad y esperanza, Lucía decidió acercarse a ReMem. La promesa de la tecnología de proporcionar claridad sobre su pasado era como un faro en la tormenta, un posible fin a años de confusión y dolor. La idea de revisitar sus recuerdos con la intención de enfrentarlos, de comprenderlos verdaderamente, le brindó una esperanza desesperada de paz y de alguna forma de reconciliación con su propia historia.

La primera sesión con fue abordada con un corazón pesado pero decidido. Lucía, guiada por un especialista, se sumergió en la experiencia, ansiosa por reconstruir aquel evento traumático que había fragmentado su realidad. Lo que encontró, sin embargo, fue algo muy diferente a lo que había anticipado. A medida que los recuerdos comenzaron a fluir con una claridad inusitada, se vio a sí misma y sus experiencias desde una perspectiva que nunca había considerado. El evento traumático, el cual había dominado sus pensamientos y emociones durante tanto tiempo, se reveló en toda su complejidad y matiz. No era simplemente un momento de dolor y miedo, sino un tejido de emociones, pensamientos y percepciones que se entrelazaban de maneras que su memoria, alterada por el trauma y el tiempo, había simplificado y distorsionado. Los detalles que había olvidado, o que su mente había cambiado, surgieron con una nitidez sorprendente, permitiéndole ver el evento no como un recuerdo aislado y monolítico, sino como parte de una narrativa más amplia y compleja. Las emociones que experimentó durante la sesión fueron abrumadoras, una mezcla de dolor, sorpresa y, en algunos momentos, una extraña forma de alivio al entender que la realidad de lo sucedido era mucho más rica y variada de lo que su memoria fragmentada le había permitido recordar. Esta primera sesión con ReMem fue el inicio de un viaje profundo para Lucía, uno que la llevó más allá de la simple reconstrucción de un evento traumático. Le ofreció una nueva forma de entender la naturaleza de sus recuerdos y, por extensión, de su propia realidad. Aunque el proceso no estaba exento de dolor, la complejidad y la profundidad de lo que descubrió le brindaron una base sobre la cual empezar a reconstruir su percepción del pasado y su relación con él.

A medida que Lucía continuaba su terapia, cada sesión se convertía en una exploración más profunda de sus recuerdos específicos y de la naturaleza misma de la memoria. Lo que inicialmente había esperado que fuera una herramienta para clarificar el pasado, se reveló como un espejo que reflejaba la complejidad y la subjetividad inherentes a cómo recordamos. Descubrió que incluso aquellos recuerdos que consideraba cristalinos estaban teñidos por las emociones, influenciados por las percepciones del momento y moldeados por el contexto en que se revivían. Esta comprensión comenzó a desdibujar las líneas que Lucía había trazado entre la realidad y su reconstrucción mental de los eventos. Los recuerdos, que ella había tratado como archivos fiables de su historia personal, empezaron a revelarse como narrativas moldeadas por su yo presente tanto como por el pasado. Cada sesión con ReMem le enseñó que los detalles que recordaba podían cambiar sutilmente dependiendo de su estado emocional actual, de sus pensamientos predominantes e incluso de sus expectativas sobre lo que creía que había ocurrido. El encuentro con la subjetividad de sus recuerdos fue desconcertante para Lucía. Había buscado con esta tecnología una claridad y una objetividad que esperaba pudieran resolver el dolor y la confusión que sentía. Sin embargo, en lugar de respuestas definitivas, encontró más preguntas, más matices y más incertidumbres. Pero dentro de esta confusión emergió también una revelación liberadora: la memoria no era un registro objetivo de eventos, sino una construcción subjetiva, un tejido de percepciones, emociones y contextos. Esta revelación, aunque inicialmente desconcertante, comenzó a ofrecerle un nuevo entendimiento sobre sí misma y sobre cómo procesamos nuestras experiencias. Comprendió que su lucha por encontrar una "verdad" objetiva en sus recuerdos era en sí misma una falacia; que la memoria, por su propia naturaleza, está siempre en flujo, siempre sujeta a reinterpretación y reevaluación. Más aún, reconoció que este flujo no disminuía el valor o la realidad de sus experiencias, sino que subrayaba la complejidad de la existencia humana.

A través de este proceso, empezó a ver sus recuerdos no como pruebas irrefutables de una realidad pasada, sino como fragmentos de su historia personal, cada uno aportando a la construcción de quien era. Este cambio de perspectiva le permitió aceptar la subjetividad inherente a sus recuerdos, le ofreció una forma más compasiva y abierta de relacionarse con su pasado. La aceptación de la naturaleza fluida y constructiva de la memoria la liberó de la búsqueda de una claridad inalcanzable, guiándola hacia un camino de reconciliación con su historia personal, marcada tanto por sus certezas como por sus incertidumbres. Empoderada por esta comprensión, Lucía comenzó a tomar decisiones conscientes sobre cómo quería que su historia continuara. Se dio cuenta de que cada día ofrecía la oportunidad de añadir nuevos capítulos a su vida, de construir una realidad que reflejara los eventos de su pasado, al igual que su crecimiento y aprendizaje a partir de ellos. La elección de vivir de manera más consciente y abierta se convirtió en el pilar de su nueva realidad.

Con esta nueva perspectiva, encontró una paz que había sido esquiva durante tanto tiempo. La aceptación de la memoria como una entidad imperfecta, pero esencial, le permitió liberarse de la lucha por encontrar una verdad objetiva e inmutable sobre su pasado. En su lugar, abrazó la idea de que sus recuerdos, incluso aquellos fragmentados por el trauma, formaban parte de un todo más grande que definía su realidad. Cada experiencia, buena o mala, cada recuerdo claro u oscurecido, contribuía a la complejidad de su ser. Decidida a vivir de manera más consciente y abierta, comenzó a valorar sus experiencias presentes tanto como las del pasado. Reconoció que cada momento vivido, cada interacción, cada pensamiento y emoción, eran piezas de un mosaico en constante evolución. Esta comprensión la llevó a adoptar una postura más activa en la construcción de su realidad, eligiendo conscientemente cómo responder a sus recuerdos y cómo permitir que estos influyeran en su vida.

Un día de invierno, mientras Lucía caminaba bajo la lluvia tenue, su mente, que solía perderse en el laberinto de recuerdos del pasado, se encontraba ahora sorprendentemente centrada en el presente. El suave golpeteo de las gotas de lluvia en su paraguas formaba una melodía tranquilizadora, recordándole que cada momento presente estaba vivo con su propia música, su propia belleza. La lluvia comenzó a disminuir, y con un gesto instintivo, bajó su paraguas para mirar al cielo. Lo que vio fue el sol del atardecer empezando a perforar las nubes dispersas, bañando el mundo en un resplandor dorado que transformaba las calles mojadas en espejos de luz. No era solo un fenómeno natural para ella; era un símbolo de su propio renacimiento, un recordatorio vívido de que la vida, en toda su ebullición de momentos efímeros pero significativos, merecía ser vivida plenamente. En este nuevo comienzo, no descartaba su pasado ni los recuerdos que había acumulado a lo largo de los años. En cambio, los llevaba consigo como testigos de su viaje y como maestros de su presente. Había aprendido que la memoria y la ambigüedad eran compañeras constantes en el camino de la vida, pero ya no la atormentaban. En cambio, le ofrecían una paleta más rica con la que pintar su presente y su futuro. Con cada paso que daba, Lucía se sentía más ligera, más en paz con la complejidad de su existencia. Vivía con una apertura y conciencia renovadas, encontrando significado y belleza no a pesar de sus memorias imperfectas, sino gracias a ellas. En su aceptación de la memoria como una parte esencial de su ser, abrazaba la vida en toda su rica complejidad, lista para escribir los próximos capítulos de su realidad con una pluma guiada por la comprensión, la aceptación y la esperanza. Este momento, viendo cómo el sol del atardecer transformaba un día lluvioso en una obra de arte, consolidaba su resolución de vivir en el presente. Cada rayo de luz que se filtraba a través de las nubes era como un recordatorio de que incluso después de la tormenta más oscura, el sol volvería a brillar, iluminando caminos una vez ocultos en sombras. Lucía sabía ahora que cada experiencia, cada fragmento de recuerdo, formaba parte de una narrativa más amplia, una que ella tenía el poder de continuar escribiendo con intención y esperanza. Con esta renovada perspectiva, continuó su camino, no solo como una transeúnte en su propia vida sino como una verdadera protagonista de su historia, comprometida a vivir cada momento con plena presencia y profundo agradecimiento.

A medida que las sombras de las historias que hemos compartido se difuminan en la penumbra del recuerdo, emergen pensamientos sobre los ecos del ayer que continúan resonando en los rincones más profundos de nuestra mente. Estos ecos, impregnados de melancolía y esperanza, nos invitan a pausar y reflexionar sobre las complejidades de nuestras propias vidas, sobre cómo los momentos de luz y oscuridad se entrelazan para formar el tapiz de nuestra existencia.

En cada historia, en cada recuerdo revivido, nos enfrentamos a nuestras alegrías y penas, a nuestras decisiones y renuncias. La vida, con sus intrincados senderos de 'qué hubiera sido si', nos ofrece una paleta rica en matices que, aunque tentadora con sus infinitas posibilidades, nos recuerda la importancia de anclar nuestra atención en el presente, el único momento en el que verdaderamente tenemos poder. Me gustaría que reflexiones por un momento en la esencia de tu ser, en aquellos instantes de alegría pura y profunda tristeza. ¿Cómo han moldeado estos momentos la persona que eres hoy? Cada recuerdo, cada fragmento del pasado, no es solo un eco lejano; es una piedra angular en la construcción de tu identidad y tu camino hacia adelante. Y mientras fluyes a través de esta reflexión, te invito a contemplar el papel de nuestras memorias en la formación de nuestro futuro. No como cadenas que nos atan a lo que fue, sino como lienzos que esperan ser rellenados con nuevos colores, nuevas experiencias. La vida es una obra de arte en constante evolución, y cada día nos ofrece el pincel para agregar nuestra propia marca única en el mural del tiempo. Considera cómo, incluso en los momentos de oscuridad, existen destellos de luz que pueden guiar nuestros pasos hacia un amanecer de nuevas posibilidades. Cada experiencia, buena o mala, cada recuerdo, claro u oscurecido, contribuye a la complejidad de nuestro ser. Decidir vivir de manera consciente, abrazando tanto las sombras como la luz, es elegir una vida rica en color y significado. Que estos pensamientos no sean un epílogo, sino un preludio a una reflexión continua sobre cómo deseamos vivir y qué recuerdos valoramos y buscamos crear. Mientras dejamos atrás las narradas historias, la comprensión sobre nuestra existencia y nuestra memoria apenas comienza. Es una invitación a cada lector a mirar profundamente dentro de sí mismo y a preguntarse: ¿qué historias deseo que cuenten mis días? ¿Cómo puedo tejer conscientemente los hilos de mi pasado en el lienzo de mi futuro? Este no es el final, sino un nuevo comienzo en nuestro eterno viaje de descubrimiento y entendimiento, un viaje donde cada paso hacia atrás en la memoria puede ser un paso adelante hacia nuestra propia evolución y aceptación.

Entender nuestras memorias y recuerdos es adentrarse en un laberinto de complejidad, donde cada paso que damos influye en nuestro presente y puede dirigir nuestro futuro de maneras que a menudo no anticipamos. Las historias que hemos compartido en estas páginas exploran precisamente esa intrincada danza entre pasado y presente, entre lo que recordamos y cómo esos recuerdos configuran nuestra realidad. Me gustaría invitarte, como lector, a reflexionar un momento: ¿Ha habido algo en este libro que haya tocado una cuerda profunda en ti? ¿Te ha ayudado a ver tus propias experiencias de una manera nueva, o ha cambiado de alguna forma tu percepción sobre cómo tus recuerdos influyen en tu vida diaria? Si estas páginas te han ofrecido nuevas perspectivas o han abierto tus ojos de alguna manera, te animo a compartir tu experiencia. Tu reseña puede ser más que una simple valoración; puede ser un testimonio de cómo el viaje a través de tus propios recuerdos y reflexiones, inspirado por este libro, ha impactado tu manera de ver el mundo y a ti mismo. Al dejar una reseña, enriqueces la experiencia de futuros lectores, al igual que también contribuyes a una comunidad más amplia de personas en búsqueda de comprensión y significado. Cada pensamiento que compartes, cada percepción que revelas, es invaluable. Ayuda a otros a encontrar ese mismo rayo de luz que quizás iluminó un nuevo camino para ti. Este intercambio de ideas y experiencias fortalece nuestra comunidad de lectores y amplía nuestra comprensión colectiva sobre el poder transformador de nuestras memorias.